하늘의 가치와 질서에 순종하는 그리스도인의 삶

쉼

박규태 지음 | 이문장 추천

좋은씨앗

*이 책에 실린 성경본문 및 일부 용어들은 독자들의 이해를 돕기 위해 저자가 원문을 직접 해석하여 발췌하였으므로 기존의 내용과 다르게 표기되어 있습니다.

목차

추천의 글 · 7
들어가는 글 · 9
여는 글 · 12

제1부 ──── 쉼이 없는 우리, 쉼이 있는 그 나라 ──── 15
　　1장 쉼이 없는 우리 17
　　2장 완전한 쉼이 있는 그 나라 32

제2부 ──── 우리가 잃어버린 것들 ──── 37
　　3장 잃어버린 '쉼의 형상' 39
　　4장 잃어버린 '쉼의 날' 45
　　5장 쉼을 포기하신 하나님 51

제3부 ──── '완전한 쉼'을 위해 일하시는 하나님 - 1 ──── 55
　　6장 만나와 안식일 58
　　7장 땅의 분배 68
　　8장 안식년과 희년 78

제4부 ─── '완전한 쉼'을 위해 일하시는 하나님 - 2 ─── 85
  9장 예수 그리스도의 승리 91
  10장 쉼의 길로 이끄시는 예수 102
  11장 마귀의 머리를 으스러뜨리신 예수 127

제5부 ─── '완전한 쉼'을 위해 일하시는 하나님 - 3 ─── 139
  12장 새 사람의 창조와 '쉼의 법' 성취 142
  13장 투쟁의 시작 158
  14장 우리의 쉼, 우리의 투쟁 165

닫는 글　　　　　　　　　　　　　　　　　　180
미주　　　　　　　　　　　　　　　　　　　183

추천의 글

마음의 회복을 위한 진동이 일기를 바라며

✤ 이문장 교수 〔고든-콘웰 신학교〕

박규태 목사의 책 「쉼」을 읽고 추천의 말을 덧붙이게 된 것을 기쁘게 생각한다. 이 책은 예수 그리스도의 마음을 닮기 위해 몸부림쳐 본 사람이 아니고서는 가질 수 없는 시각에서 쓰여졌다. 무엇보다 하나님의 생각을 예민하게 갈파한 저자의 안목이 훌륭하다. 저자는 교회는 물론, 예수님을 믿고 따른다고 하는 사람들조차 참 길이 아닌 헛된 길, 거짓 길로 향하는 이 시대를 향해 일침을 놓는 묵직한 메시지를 던져주고 있다.

오늘 우리 시대는 경박한 시대가 되고 있다. 사탄의 길을 따르고 사탄의 마음을 키워 가고 있으면서도 영적 무지로 인해 현실을 직시하지 못하고 고통의 근원을 찾지 못하는 어두운 시대를 살고 있다. 수많은 사람들이 하루하루의 삶 속에서 문제와 고통과 갈등으로 허덕이면서도 자기 속에 군림하는 욕심과 집착과 허영과 세상 가치에서 벗어나지 못하고 오히려 노예로 전락해 가고 있다. 그래서 자기를 속이면서, 혹은 자기 자신에 속으면서, 공허한 시대를 살고 있다.

저자는 이 책에서 우리에게 당찬 주문을 한다. '내일을 향한 염려와 불안, 절망과 고통, 공허와 집착, 탐욕과 다툼'으로부터 자유를 얻으라는 것이다. 예수님 안에서 하나님 신앙을 회복하고, 하나님의 길로 방향전환을 하라는 것이다. 이 땅의 가치와 질서를 과감히 벗어 버리라는 것이다. 십자가의 길이 참 길이고, 그 길을 가는 사람들이 공동체를 이루어 이 땅에 진짜 나눔의 예수님 정신을 멋들어지게 보여줄 수 있어야 한다는 것이다. 이것은 말씀의 본질, 교회의 본질을 회복했으면 하는 바램을 가진 우리 모두의 소망이 아닐 수 없다. 이 책에 배어 있는 저자의 간곡한 마음처럼, 우리 속에 있는 세상 생각을 죽이고 예수님의 마음을 받아 사는 사람들이 단체로 일어나기를 소망한다. 그래서 교회도 소망이 있고 우리가 발 딛고 사는 이 땅의 삶도 조금은 더 소망이 생기는 그런 절묘한 일이 일어날 수 있기를 기대해 본다. 이 책을 읽는 모든 독자들의 마음에 본질 회복을 위한 잔잔한 진동이 일어나길 바란다.

들어가는 글

하나님의 뜻을 더 깊이 알아가기를 소망하며

「쉼」을 책으로 쓰겠다고 출판사에 말한 것은 4월이었는데, 12월에 이르러서야 탈고하게 되었다. 그래도 정작 쓰기 시작한 것은 10월 하순이었으니, 나름대로 분발한 셈이다. 애초에 글재주가 없어서 다만 성경의 가르침을 성실하게 옮기기만 해도 다행이라는 생각으로 글을 쓰기 시작했다. 그리고 시작할 때 정한 생각이 있었다.

첫째는 성경의 가르침을 그대로 옮기자는 생각이었다. 세상의 이야기에서 출발해 성경이라는 정거장에 잠시 들렀다가 결국 세상이라는 종점에 다다르는 이야기는 쓰고 싶지 않았다.

둘째는, 내용 있게 써 보자는 생각이었다. 그저 성실하게 자료를 준비하고 내용을 다듬어 쓰고 싶었다. 그 때문에 성경 본문도

각각 몇 권씩의 히브리어/아람어 사전과 헬라어 사전을 동원해 저자 스스로 다시 번역한 본문을 실어 보았다. 성경 원문의 뉘앙스를 살려 보고 싶었기 때문이다. 아울러 가능한 대로 말씀의 배경이 되었던 사회 상황 역시 소개하려고 노력했다. 각 시대의 역사나 사회 상황은 그동안 읽었던 관련 서적들을 참조했다.

신약의 경우 특히 요아힘 예레미야스가 쓴 「예수 시대의 예루살렘」(한국신학연구소 역, 천안: 1998)과 F. F. 브루스(Bruce)의 New Testament History(New York: Doubleday, 1980)로부터 많은 도움을 받았다. 간간이 인용한 다른 저자의 책들은 이 책의 내용을 가다듬는 데 많은 사색과 성찰의 동기가 되었던 것들이다. 그 중에는 아직 국내에 번역, 소개되지 않은 책들이 여러 권 있다. 나는 그 책들이 조만간 번역되어 거기에 담긴 신학과 신앙의 깊이를 한국의 그리스도인들이 공유할 수 있기를 간절히 바란다.

'쉼'이라는 주제를 생각한 것은 퍽 오래 되었다. 그 생각의 출발점은 마태복음 12장 8절 말씀이다. "사람의 아들은 쉼의 날의 주인"이라는 이 말씀에 매혹되어 그 구절과 전후의 말씀을 붙들고 여러 날 씨름한 것이 '쉼'을 생각하는 계기가 되었다. 생각은 아직 진행형이다. 그저 하나님의 뜻을 더 깊이 알아 가기를 바랄 뿐이다.

또 하나 바라는 것은 이 책이 독자들의 마음에 가 닿아 성찰과 사색의 한 꼭지가 되었으면 하는 것이다. 하지만 미숙한 점이 한 둘이 아닐 것이다. 독자들께서 기탄없이 꼬집어 주시고 고쳐 주시길 바란다.

  이 책이 나오기까지 어려운 여정을 인도해 주신 하나님께 감사드린다. 정말 나 같은 사람이 어떻게 그리스도인이 되는 은혜를 누리게 되었는지!

여는 글

성경이 말하는 '쉼'

역사는 '하나님께서 쉼을 잃어버린 인간과 온 우주를 완전한 쉼으로 이끌어 가시는 과정'이다. 성경은 이 과정을 속속들이 증언하고 있다. 인간은 어떻게 쉼을 잃어버렸는지, 하나님께서 그 쉼을 어떻게 회복시켜 가시는지, 마침내 온 우주 나아가 하나님까지 완전한 쉼을 누리게 될 때의 모습이 어떠한지에 대해 성경은 **빠짐없이** 일러 주고 있다.

성경을 주의 깊게 살펴보면 알겠지만, 하나님이 쉼을 완성시켜 가시는 과정은 하나님 나라를 이루어 가시는 과정과 같은 궤적을 그리고 있다. 동시에 하나님이 쉼을 완성시켜 가시는 과정은 인간을 죄의 짐에서 해방시키는 구원사와 맥락을 같이 한다.

그런 점에서 쉼은 결코 개인 차원의 문제가 아니다. 아담과 하와라는 첫 인류로 말미암아 온 인류가 쉼을 잃어버렸듯이, 하나님이 쉼을 완성시켜 가시는 과정도 늘 인류 전체를 염두에 두고 계신다.

'옛 언약 시대'에 이스라엘에서 시작된 쉼의 회복 작업은 예수 그리스도가 오시면서 온 세상으로 확장되었다. 예수는 병자들을 고치시고 죽은 자들을 살리시며 끝없는 공허에 시달리는 사람들에게 영원한 충만을 주셨다. 그 때문에 개인의 쉼만을 문제 삼으신 것처럼 보이지만, 사실 그분은 온 인류, 온 우주에 쉼을 되찾아 주시는 작업을 하셨다. 쉼의 지평은 정말 광대하다.

나는 먼저 '쉼이 무엇일까?'라는 문제부터 다루었다. 이어서 '인간과 온 우주가 그 쉼을 잃어버린 정황'을 살펴보고, '하나님이 그 쉼을 다시 완성시켜 가시는 과정'을 서술했다. 마지막 부분에서는 '완전한 쉼에 들어가기까지 우리가 겪어야 할 힘든 투쟁'에 대해 다루었다.

현대의 그리스도인들은 영에 속한 것보다 육에 속한 것에 착념하며, 정신보다 물질을, 본질보다 현상을, 성찰보다 감각을, 공동체보다 개인을, 십자가의 고난보다 현세의 성공을, 섬기는 자리보다 소위 리더가 되는 것을 중시하는 경향이 있다. 이들에게 이 책이 말하는 쉼은 낯선 것이 될지도 모르겠다. 이 시대의 그리스도인들이 보기에 쉼이 아닌 것을 쉼이라고 이야기하기 때문이다. 하지만 교회가 세상과 똑같은 음성을 들려주는 상황 속에서 이 시대 그리스도인들만을 탓할 수는 없을 것이다.

역사가 야콥 부르크하르트는 이미 두 세기 전에 "근대정신은 기독교에 의지하지 않은 채 삶의 커다란 문제들을 해결하려 한다"고 선언했다. 교회나 세상이나 똑같은 이야기를 하는데, 인생의 커다란 문제 해결에 굳이 골치 아픈(?) 성경을 들춰볼 필요가 있었겠는가? 그러나 나는 근대정신을 따라가지 않으려고 한다. 어디까지나 성경에 의지해 '쉼이라는 커다란 인생 문제'를 이야기하는 전근대인(前近代人)이 되고자 한다. 세상이 말하는 쉼과 똑같은 것을 이야기하려 했다면 애당초 이 책을 쓰지도 않았을 것이다. 다만 이 책이 '성경이 증언하는 쉼'을 진지하게 이야기하는 작은 계기라도 마련했으면 하는 바람이다. 이제 첫 장으로 나아가보자.

1부

쉼이 없는 우리,
쉼이 있는 그 나라

1

쉼이 없는 우리

 우리에겐 쉼이 없다. 아니 우리는 쉼을 모른다. 내가 쉼을 모른다고 말한 것은 우리가 개미처럼 일만 한다는 의미가 아니다. 우리 인류가 쉼의 참뜻을 모른다는 말이다. 어떻게 그런 당돌한 명제를 내놓을 수 있느냐고 반문하는 이들이 있을지 모르겠다. 그러면 나는 정중히 되묻고 싶다. 쉼을 정의해 주실 수 있느냐고.
 하지만 온 인류가 고개를 끄덕일 수 있는 정의가 쉽게 나올 수 있을지 모르겠다. 새벽부터 늦은 밤까지 파김치가 되도록 일하는 대기업체 사원은 쉼을 뭐라고 말할까? 휴일에 아내와 아이들을 밖에 내보내고 모처럼 혼자 소파에 누워 즐기는 몇 시간의 단잠? 그게 쉼일까? 마감에 대한 압박에 시달리며 원고를 짜내야 하는 작가에겐 무엇이 쉼일까? 펜이나 키보드를 잠시 밀쳐놓고 흔들의자에 몸을 파묻은 채 진한 커피 한 잔과 함께 즐기는 클래식 음악? 하지만 그런다고 몇 시간 앞으로 다가온 마감에 대한 압박이 사라진 걸까? 쉼이라는 추상명사의 정의를 만인 앞에 대담하게 제시할 수 있는 국어사전의 저자가 새삼 존경스럽다.

18세기에 독일의 철학자 알렉산더 바움가르텐은 철학에서 미학을 뚝 떼어내면서 미(美)를 "부분과 부분, 부분과 전체가 서로 적합하게 질서를 이룬 것"이라고 정의했다. 하지만 이 정의를 들으면, 미가 무엇인지 더 아리송해진다. 아름다움이 무엇인지 정의할 수 있는 인간의 필력(筆力)은 옛적 헬라 시대나 18세기나 지금이나 그다지 는 것 같지 않다. 이 사람은 완전한 조화를 미라 하지만, 저 사람은 내 마음에 쾌감을 주는 걸 미라고 말한다. 장님이 코끼리 만지는 식이다. 그것은 결국 아름다움이라는 코끼리의 모습 전체를 아는 사람이 아무도 없다는 말과 같다. 사람들은 그저 자신이 아름답다고 생각하는 하나의 대상을 머리 속에 입력시킨 채, 그것이 주는 이미지를 나름의 언어능력을 동원해 미(美)로 정의할 뿐이다.

쉼도 똑같다. 누구도 쉼이라는 코끼리를 완벽하게 그려내지 못한다. 그렇다 보니 사람들은 코끼리 다리를 붙든 채 쉼은 통나무 같다고 정의하는가 하면, 꼬리를 붙들고서 쉼은 먼지털이 같다고 정의한다. 그러면 여러분은 내게 재차 물을 것이다. 당신은 어떻게 "우리에게 쉼이 없다"는 폭탄선언을 할 수 있느냐고. 하지만 이 맹랑한 선언은 내 입에서 나온 것이 아니다. 내게는 〈공산당선언〉을 선포했던 칼 막스와 프리드리히 엥겔스 같은 담력이 없다. 나는 내가 읽고 본 바를 그대로 전하는 것뿐이다. 내 입에서 흘러나온 그 맹랑한 선언의 출처를 알고자 하는 독자는 내 손을 잡고 따라오시라. 마이클 제이 폭스는 영화 〈백 투 더 퓨처〉에서 몇십 년을 거슬러갔지만, 우리는 2천 년을 거슬러가야만 한다. 이 땅에 있는 모든 인생들에게 쉼이 없다고 말씀하시는 그분이 바로 그 2천 년 전의 시공간에 서 계시기 때문이다.

이제 우리는 2천 년 전, 이스라엘로 왔다. 우리 앞에 한 청년이 서 있다. 그는 자신을 가리켜 7백 년 전 이사야 선지자가 예언했던 바로 그 메시아라고 말한다. 그의 이름은 예수다. 히브리 사람들은 그를 아람어로 예슈아라고 불렀다. 그 이름은 자신들의 조상을 젖과 꿀이 흐르는 가나안으로 이끈 여호수아에서 유래했다.

주위를 둘러보라. 수많은 사람들이 둘러앉아 그의 입에서 나오는 말씀을 기다리고 있다. 하나같이 시커멓게 그을리고 초췌한 얼굴들이지만, 그들의 눈은 간절함으로 반짝거린다. 맨발이 대부분이지만, 간혹 가죽 신발을 신은 이도 있다. 이 사람 저 사람의 수군거림을 들으니, 저마다 근심과 고통거리들을 이야기한다. 피골이 상접한 한 사람은 오랫동안 병고에 시달렸다고 말한다. 다섯 식구를 부양해야 한다는 한 청년은 까맣게 타들어간 입술을 움직이며 한 데나리온의 품삯을 벌기 위해 하루 종일 포도밭에서 일했다고 말한다. 그래야 여섯 식구가 입에 풀칠이라도 할 수 있는 형편임을 하소연하며. 삼십여 걸음쯤 옆 자리에 화려한 옷을 입은 청년도 앉아 있다. 주위 사람들과 판이한 차림인지라 눈에 얼른 띈다. 감히 말을 붙이지 못하고 옆 자리의 다른 이에게 물으니, 근방에서 제일 가는 부자라고 귀띔해 준다. 그가 입은 옷은 지중해의 소라에서 추출한 염료로 물들인 최고급품이란다. 포도밭 일꾼 품삯을 한 푼도 쓰지 않고 반년은 모아야 살 수 있는 옷이다. 하지만 그의 얼굴은 '부자가 왜 저리도 근심이 많을까' 싶을 정도로 수심이 가득하다. 사람들이 선지자라고 믿고 있는 그분을 좇아 이 빈 들까지 온 걸 보면, 필시 곡절이 있는 게 분명하다.

이윽고 예수께서 입을 여신다.

너희는 하나같이 기운이 다 빠져 쓰러질 지경이구나. 그런데도 과거 어느 땐가 너희 등 뒤에 지워진 그 짐이 지금도 너희를 짓누르고 있다. 너희는 모두 내게로 오라. 내가 너희에게 쉼을 주리라![1]

예수는 거기 모인 무리들에게, 그리고 그 자리에 달려간 여러분과 나에게 분명히 말씀하신다. "너희에게는 쉼이 없다. 모두 내게로 오라. 내가 너희에게 쉼을 주리라." 사람들이 웅성댄다.

자신들을 짓누르고 있다는 그 짐이 자신들 눈에는 보이지 않기 때문이다. 눈에 보이는 건 그들을 오랫동안 괴롭혀온 질병의 흔적과 가난에 말라붙은 뱃가죽이 고작이었다. 우리 역시 마찬가지다. 우리를 짓누르고 있다는 그 짐은 보이지 않는다. 더욱이 쉼이 없다는 예수의 말씀도 이해가 가지 않는다.

"아니, 쉼이 없다니? 작년 겨울에는 사흘 동안 동해안에 가서 겨울 바다도 감상하고 시원한 곰치국도 먹었는데, 그건 쉼이 아니고 뭐란 말인가?"

"나를 짓누르는 짐이 있다고? 더구나 그 짐이 옛날부터 나를 짓누르고 있다고? 그렇게 짓누르는 짐이 있다면, 내 허리가 멀쩡할 수 있단 말인가?"

여러분은 "모든 인생들에게 쉼이 없다"는 선언의 저작권자가 예수시라는 점은 확인했다. 그러나 그 선언을 현장에서 듣게 된 여러분은 오히려 그 알쏭달쏭한 의미 때문에 마음이 편치 않다. 예수가 말씀하시는 그 짐, 과거 어느 때부터 우리에게 지워져 있다는 그 짐이란 대체 무엇일까? 그 짐 때문에 쉼이 없다는 말인가? 그분이 주신다는 쉼은 대체 무엇일까? 의문이 꼬리를 물고 이어진다. 예수가 우리를 괴롭히며 인내심을 시험하려고 그런 말씀을 하신 것일까? 아닐 것이다. 혹시 그분을 따라가 보면, 실마리를 얻을 수 있지 않을까? 그 먼 곳까지 간 이상, 여러분과 나는 모든 의문의 해답을 찾아보는 게 낫지 않겠는가? 예수 그분의 뒤를 따르다 보면, 분명 실마리를 얻을 수 있을 것이다.

그분을 따라다니면서 보니, 예수의 모습은 우리가 상상했던 귀공자풍의 성인군자가 아니다. 하긴 저 분은 촌동네 나사렛 사람이 아닌가? 북쪽 갈릴리 지방에서 남녘 유대까지 왕래하시느라. 그분의 용모는 마치 어사임을 숨기기 위해 거지꼴로 장모 월매 앞에 나타난 춘향 서방 몽룡과 별반 다를 바가 없다. 제대로 먹지 못하고 잠자리도 부실한지라, 늘 지치고 피곤한 기색이 완연하다.

그러던 어느 날, 예수는 유대에서 갈릴리로 가시고자 제자들과 길을 떠나신다(요한복음 4장을 보라). 로마 총독 빌라도와 결탁한 대제사장 가문은 자신들의 배를 불리느라, 도로 하나 제대로 건사하지 않은 탓에 갈릴리 행로는 말 그대로 고난의 여정이다. 하긴 성전 제사 때 제물에서 흘러나와 성전 옆 기드론 시내로 흘러가는 생축(牲畜)의 피조차 질 좋은 비료랍시고 농부들에게 팔아먹는 대제사장 가문의 꼬락서니를 생각하면, 불평은 일찌감치 접는 게 나을 듯싶다.

거친 고원지대를 지나야 하는 힘든 길이기에 노정을 조금이라도 줄여보고자 예수와 제자들은 사마리아를 거쳐 갈릴리로 가기로 하신다. 북방 이스라엘이 앗수르에 망한 뒤 이방인들과 통혼하면서 이스라엘의 혈통을 더럽힌 사마리아인들의 땅을 지난다는 게 찜찜했지만, 어쩔 수 없다.

어느 날, 한낮의 태양이 작열할 즈음, 예수와 제자들은 수가라는 조그만 마을에 이르렀다. 예루살렘 북쪽 60킬로미터 쯤 떨어진 곳이다. 성실한 제자들은 선생님께 드릴 양식을 구하러 마을로 들어가고, 예수는 곤하여 우물가에 그대로 앉으신다.

유대 시간으로 제6시, 그러니까 우리 시각으로 정오쯤 되었을 때, 한 여인이 물을 길러 온다. 보통은 태양이 따갑지 않은 이른 아침이나 저녁쯤에 물을 길러 오는데, 웬일인지 이 여인은 대낮에 물을 길러 온 것이다. 예수는 목이 마르신 터라, 주저 없이 물을 달라고 청하신다. 자신들을 개처럼 여기는 생면부지 유대인이 말을 걸자, 여인은 당황한다. 사실 여인은 그분이 누구인지 몰랐지만, 예수는 그 여인이 정오에 홀로 물을 길러 나와야 하는 속내를 꿰뚫고 계셨다. 피차 엇박자를 놓는 대화가 몇 마디 오고 갔다. 그러다가 예수는 이내 여인의 마음 깊숙한 곳에 자리 잡고 있던 고통들을 역순(逆順)으로 끄집어내기 시작하신다.

"내가 누구인지 알았다면, 너는 내게 영원히 목마르지 아니할 생수를 구했을 것이다. 그러면 나는 네 속에서 영원히 솟아나는 생수를 주었으리라."

순간 여인의 안색이 밝아지며 그 입속에서 침 넘어가는 소리가 들렸다. "그런 물이 있다면 좀 주시지요. 저는 이 우물에 나오는 게 정말 싫습니다. 그런 물만 있으면, 이곳에 물 길러 나오지 않아도 될 테니, 그 물 좀 제게 주십시오."

여느 사람 같으면 그 여인에게 이렇게 물었을 것이다. "너는 왜 이 우물에 나오기가 싫다는 게냐?" 하지만 예수는 물어볼 필요가 없으시다. 모든 걸 알고 계시므로. 그분은 에둘러 가지 않고 즉시 정곡을 찌르신다. "가서 네 남편을 불러 오라."

여인이 멈칫한다. 잠시 머뭇거리던 여인은 자신에게 남편이 없다고 말한다. 그러자 예수는 이렇게 말씀하신다. "네 말이 맞다. 네게는 남편이 없다. 이전에 다섯 남자가 네게 있었지. 그러나 그들은 지금 네 옆에 없다. 물론 지금 너와 함께 사는 남자도 네 남편이 아니다."

그제야 여인은 자신 앞에 있는 분이 보통 사람이 아니라는 걸 눈치챘다. 그랬다. 그 여인은 사람들에게 손가락질 받는 처지였다. 그런 멸시와 냉대가 싫어 이 뜨거운 한낮, 아무도 밖에 나오고 싶지 않은 시간에 물을 길러 우물가에 나온 것이다. 여인은 그런 자신의 모습으로부터 벗어나고 싶었다. "나는 왜 이럴까"라는 죄책감과 자괴감이 그녀를 괴롭히고 있었다. 하지만 그 죄책감과 자괴감보다 그녀를 더 괴롭힌 것은 공허(空虛)였다. 남자와 살아도 늘 마음은 공허했다. 다른 남자가 그 공허를 채워줄까 싶어 그 남자를 맞이해도 허기지고 목마른 마음은 채워지지 않았다. 여섯 번째 남자를 맞이한 지금도 마찬가지였다. 대체 그 '텅 빈 마음'은 무엇 때문이란 말인가? 무엇이 있어야 그 '텅 빈 마음'이 채워질 수 있단 말인가? 여인은 자신의 공허가 무엇인지 정체를 알 수 없었다.

이 때 여인은 문득 예배 장소 이야기를 꺼낸다. 그녀는 하나님을 예배할 곳이 자기 조상들이 주장하는 그리심 산인지, 아니면 유대인들이 주장하는 예루살렘인지 묻는다. '이 사람은 내 속사정을 꿰뚫어 본 사람이니 분명 그 답을 알고 있을 것'이라는 생각이었을 것이다. 그러나 여인의 그 질문은 사실 "하나님이란 분은 대체 어디 계십니까? 그분이 나를 한 번만 만나준다면 나의 이 공허함이 가득 채워질 것 같은데, 대체 그분은 어디에 계신 거죠? 그리심입니까, 예루살렘입니까? 어디 계신지 알려 주시면, 당장이라도 그분을 만나러 갈 텐데요"라는 말이었다. 자신도 모르는 사이에 그녀의 공허가 어디서 유래한 것인지 드러낸 것이다.

그녀는 하나님이 누구신지, 어디에 계신지 몰랐다. 그녀에게 하나님은 그리심 산 아니면 예루살렘 성전에 계신 분이다. 그녀에게 하나님은 제단 뒤에 임재하사 그저 제물의 향기나 흠향하시는 존재일 뿐이었다. 아무리 남자를 갈아치워도 채워지지 않는 자신의 공허가 어디에서 나온 것이냐고 그 하나님께 물어봐도 그분은 묵묵부답이었다. 그녀는 알지도 못하는 하나님을 붙들고 자신의 죄책감과 공허를 토로하고 있었던 것이다.

바로 그 때, 예수가 그녀에게 오신 것이다. 예수는 말씀하신다. "하나님은 영이시다." 이 말씀은 곧 하나님이 그리심 산이나 예루살렘뿐 아니라 어디에나 계신 분임을 증언하신 것이다. 아울러 그분은 이렇게 말씀하신다. "내가 바로 메시아다. 네가 그렇게 만나보고 싶었던 그 사람, 네가 말하지 않아도 네가 한 일을 다 아는 그 사람, 내가 바로 그 사람이다." 그것은 곧 이 말씀이었다.

"너는 늘 네 안에 있는 목마름을 달래줄 남자를 찾고 있다고 생각했겠지. 아니다. 사실 너는 나를 찾고 있었던 것이다. 어디서나 네 속마음을 다 읽어내고 네 영혼의 이야기를 들어줄 존재! 네 공허의 근원을 밝혀줄 존재를 너는 항상 찾고 있었던 게지. 내가 바로 그다."

그랬다. 공허한 사람은 늘 자기를 채워줄 것을 찾는다. 끝없이 반복되는 공허는 끝없이 반복되는 추구와 욕망을 부른다. 그러나 자신을 채워줄 것이라 믿었던 그것들은 이내 더 큰 목마름만을 가져다 줄 뿐이다. 마치 병세가 심한 소갈증(消渴症) 환자가 물을 계속 들이키지만 그의 몸은 야위어만 가는 것과 똑같다. 역설이다. 그녀는 속이 텅 비어 있으면서, 그 공허함이 그녀의 영혼을 무겁게 짓누르고 있었던 것이다. 공허를 채워보려는 욕망이 커질수록, 여인은 더욱더 커지는 공허의 무게에 눌려 고통당해야 했다.

그러나 자신이 저지른 모든 일을 다 아시는 메시아가 그 텅 빈 공간에 들어오셨다. 그러자 놀랍게도 그녀의 영혼을 짓누르던 무게는 온 데 간 데 없어지고, 그녀는 날아갈 듯 가벼운 걸음으로 마을로 뛰어 들어갔다. 이제 더 이상 뜨거운 정오에 물을 길러 나오지 않아도 되었다. 여인은 텅 빈 마음을 채우려는 헛수고를 더 이상 하지 않아도 되었다.

그렇다면 예수가 말씀하시던 그 짐은 혹시 '끝없이 되풀이되는 공허와 욕망의 악순환'을 가리키는 것이 아닐까? 예수가 말씀하셨던 쉼이란 아마도 '끝없이 반복되는 공허를 더 이상 채울 필요가 없는 상태', '그 허전했던 영혼이 하나님으로 가득한 상태'를 가리키는 것은 아닐까? 수가에서 만난 사마리아 여인의 경우를 보면, 분명 그런 생각이 든다. 나는 불현듯 "예수께서 영혼을 가득 채우심으로 영혼과 하나가 되시면, 그 사람의 겉사람은 속사람에게 복종케 되고 그 사람은 하나님을 섬기는 가운데 변함없는 평강을 누리게 된다"[2]는 중세의 대수도사 마이스터 엑카르트의 설교 한 대목이 생각났다. 하지만 좀 더 확인해 볼 필요가 있다. 우리 인생을 짓누르는 짐이 무엇이며, 예수가 말씀하시는 쉼이 무엇인지를. 다시 2천 년 전으로 돌아가 예수를 따라가 보자.

예수는 예루살렘에서 맞이하실 마지막 때가 다가오자, 갈릴리를 떠나 유대 지방으로 내려가신다(마가복음 10장을 보라). 어느 날 길을 가는데 화려한 옷차림의 한 젊은이가 달려와 예수 앞에 무릎을 꿇는 것이 아닌가? 어디선가 본 듯 낯익은 얼굴이다. 그는 일전에 예수가 "내게 오는 모든 이에게 쉼을 주겠다"고 선포하시던 그 자리에 근심이 가득한 얼굴로 앉아 있던 그 부자였다. 그는 무릎을 꿇자마자 이렇게 묻는다. "선한 선생님이여, 제가 무엇을 해야 영생을 얻을 수 있겠습니까?" 아마도 그 청년을 근심케 한 것은 "내가 과연 영생을 얻을 수 있을까?"라는 두려움이었던 듯하다.

사실 어떤 유대인들은 하나님이 마지막 심판의 자리에서 각 사람의 공로와 범죄를 각각 저울에 올려놓아 공로 쪽으로 저울추가 기울 때 비로소 구원을 얻는다고 주장하고 있었다. 그랬던 터라, 따지고 보면 그의 염려가 영 부질없는 것은 아니었다. 하지만 청년의 마음속에는 하나님이 호렙산에서 조상 모세에게 주셨던 법을 지키면 영생에 들어갈 것이라는 확신이 있었던 듯하다. 100퍼센트는 아니더라도 최소한 90퍼센트쯤은 확신하고 있었을 것이다. 어쩌면 이제는 나머지 10퍼센트를 채워 100퍼센트 확신을 얻고 싶었던 것이리라.

그의 기대를 아시기라도 하듯, 예수는 계명부터 언급하신다. 청년은 희색(喜色)을 띠며 계명을 다 지켰노라고 대답한다. 그런데 그 순간 예수의 엄청난 말씀이 울려퍼진다. "네가 계명을 다 지켰다고? 아니다. 네게 아직 부족한 것이 하나 있다. 가서 네 소유를 다 팔아 가난한 자들에게 주라. 그런 다음 나를 따르라." 맑은 하늘에 날벼락이었다.

'가진 걸 다 팔아 가난한 자들에게 주라니, 말이나 되는 소린가? 우리 조상들이 어떻게 모은 재산인데, 그걸 고스란히 넘겨주라고?' 청년의 마음에는 불처럼 항변의 심정이 타올랐다. '나는 성전에 구호기금도 충실히 냈어. 품꾼들의 삯도 떼먹지 않았다고. 그런데 대체 무엇이 부족하단 말인가?' 그러나 예수의 말씀에 의하면, 전 재산을 팔아 가난한 이들에게 나누어주고 예수를 따르지 않는 이상, 그에게 영생은 불가능했다. 선택의 기로에서 청년은 자기 재산을 선택한다. 영생을 잃어버린 그는 슬픈 얼굴로 근심하며 돌아간다. 그 부자 청년은 예수를 따라가지 못했다.

그렇다면 그 부자 청년을 짓누르고 있던 짐은 무엇이었을까? 자기 재산을 지키려는 집착이었다. 집착은 고통스러운 것이다. 집착이 무엇인가? 잃어버릴까봐 두려워하는 마음이요, 지키지 못할까봐 쉬지 못하는 마음이다. 영생은 재산에 대한 집착과 양립할 수 없다. 영생은 쉼인데, 어찌 쉼이 집착과 함께할 수 있겠는가? 예수는 부자 청년에게 자기 재산, 나아가 이 땅의 것을 향한 집착을 버리고 쉼을 누리라고 말씀하신 것이다. 그러나 청년은 그 짐을 벗어버리지 못했다. 왜 그랬을까? 몰랐기 때문이다. 무엇을? 자기의 짐이 얼마나 고통스러우며 자기가 얼마나 정상이 아닌 삶을 살고 있는지 몰랐기 때문이다.

생각해 보라. 허리를 잔뜩 구부려 무거운 짐을 등에 올려놓은 사람은 기껏 땅을 내려다보거나 자신의 옆 사람을 볼 수 있을 뿐이다. 옆에 있는 사람들을 쳐다보면, 하나같이 무거운 짐을 지고 허리를 구부린 채 비지땀을 흘리고 있다. 모두 똑같은 모습이다. 고통스럽기가 말할 수 없지만, 모두 그런 꼴을 하고 있으니, 나나 저 사람이나 한결같이 그 상태를 정상이라고 여긴다. 사실은 정상이 아닌데도! 부자 청년이 보기엔 자신이 정상이며 예수는 비정상이다.

예수는 이 땅에 오셔서 청년의 모습이 정상이 아니라고 일러 주셨다. 허리를 꼿꼿이 편 채 허파 깊숙이 대기를 호흡하며 하늘을 바라볼 수 있는 자세가 정상이라는 것을 우리에게 일러 주신 것이다. 만일 그 청년이 이 땅의 것에 집착하는 자신이 정상이 아니라는 것을 알았다면, 어찌 되었을까? 자신의 삶이 잘 살고 있는 삶이 아니라 비참한 삶이며 예수를 따르는 삶이 정말 잘 사는 삶이라는 사실을 깨달았다면, 그 경우에도 예수가 아닌 자신의 재산을 선택했을까? 결국 그의 무지(無知)가 그로 하여금 예수 대신 자기 재산을 선택하게 만든 것이다. 사마리아 여인의 공허가 하나님을 알지 못함(요 4:22)에서 비롯된 것처럼, 청년은 하나님 나라가 얼마나 좋은 곳인지 몰랐던 것이다. 헬무트 틸리케의 말이 옳았다. "세상 사람들이 정상이라고 말하는 관점에서 보게 되면, 하나님 나라는 감춰진 채 보이지 않는다."[3]

그런데 청년의 집착과 탐욕은 또 다른 이들의 고통을 불러왔다. "가진 걸 다 팔아 가난한 자들에게 주라"는 예수의 말씀은 그걸 가리키는 것이었다. 예수는 청년이 자기 이웃을 자기와 똑같이 사랑하지 않았음을 지적하셨다. 탐욕이라는 알맹이를 위선이라는 껍질로 감춰 놓은 게 그 청년의 실체였다. 예수의 말씀은 이런 의미다. "너의 탐욕 때문에 저 가난한 자들이 자기 분깃을 잃어버렸다. 그걸 아느냐? 저들의 울부짖음이 네 허망한 집착 때문이라는 것을?" 청년이 자신을 짓누르는 그 짐에서 벗어나지 못하는 한, 청년의 이웃들에게도 참 쉼은 있을 수 없었다. 역설

같지만, 이웃의 고통이 내 고통이 되는 순간, 비로소 쉼이 다가온다. 나만 홀로 땅의 것에 집착하며 탐욕을 부리는 순간, 모든 이웃을 잃어버린다. 탐욕은 고립을 낳고 쉼을 잃게 만들 뿐이다. 독일의 신학자 디트리히 본회퍼는 이런 고백을 한 적이 있다.

> 많은 사람들이 알아차린 내 미친 듯한 명예욕이 내 삶을 고단하게 만들었다. 그 명예욕 때문에 나는 나와 함께 하는 사람들로부터 사랑과 신뢰를 잃었다. 그 때 나는 철저히 외톨이가 되었다. 그건 너무나 괴로운 일이었다. 그 때 뭔가 다른 것이 내게 찾아왔다. 그것은 오늘까지의 내 삶을 바꿔 놓고 내 삶의 방향을 완전히 바꿔 놓았다. 나는 처음으로 성경에 다가갔다. 말하기조차 낯 뜨겁다. 나는 이미 설교도 자주 했다. 교회에 대해 이미 많은 것을 알고 많은 말을 했으며 많은 글을 썼다. 그러나 나는 아직 그리스도인이 아니었다. … 나는 안다. 그 때 나는 예수 그리스도가 행하신 일들을 내 자신과 내 미친 듯한 허영심을 채우는 데 이용했다는 것을. … 성경, 그 중에서도 특히 산상설교는 나를 그것으로부터 해방시켜 주었다. 그 뒤로 모든 것이 바뀌었다. 나는 그것을 분명히 느꼈으며, 내 주위에 있는 다른 사람들도 마찬가지다. 그것은 위대한 해방이었다.[4]

청년은 미친 듯한 물욕(物慾) 때문에 위대한 해방을 누리지 못했다. 그 청년의 모습이 지금 우리의 모습이기도 하다.

2

완전한 쉼이 있는 그 나라

그러고 보니 예수 그분의 말씀이 차근차근 구슬이 꿰어지듯 이해가 된다. 여러분이 나와 함께 2천 년을 거슬러 예수의 말씀을 처음 들었을 때, 그분은 이런 말씀을 하셨다. "너희는 하나같이 기운이 없어 쓰러질 지경이구나. 그런데도 과거 어느 땐가 너희 등에 지워진 그 짐이 지금도 너희를 누르고 있구나. 모두 내게로 오라. 내가 너희에게 쉼을 주리라!"

그분이 우리에게 '내게로 오라'고 하시는 것은 그분과 우리 사이에 큰 간격이 있음을 말씀하시는 것이다. 예수와 멀리 떨어져 있는 우리! 그분은 저 곳에 계시고, 우리는 여기에 있다. 그런 우리는 하나같이 등에 무거운 짐을 지고 숨을 헐떡이며 고통스러운 신음을 뱉고 있다. 하지만 예수 그분은 홀로 허리를 곧추

펴신 채, 우리들의 등에 올려진 짐이 무엇이며 우리가 무엇 때문에 고통스러워하는지 다 보고 계신다. 그분은 모든 걸 알고 계신다. 예수의 말씀에 따르면, 예수와 우리 사이의 거리가 가까울수록 짐은 가벼워지고 허리는 곧추 세워지며 우리는 쉼을 얻게 된다. 아마 수학 기호를 빌려 나타내자면, 이런 공식이 가능할 것이다.

우리와 예수 사이의 거리 $\propto$ 우리 등위에 올려진 짐(그 짐이 주는 고통) $\propto$ 1/우리의 쉼

더욱 놀라운 사실은 예수 그분의 등이 엄청 넓다는 점이다. 예수는 이 세상 모든 이들의 그 많은 짐들을 다 받아 지시고도 남을 만큼 등이 넓다. 그 넓은 등을 가지고 계셨기에 짐에 눌려 기진맥진해 있는 모든 인생들을 향해 '나에게 오라'고 선언하실 수 있었던 것이다. 그랬다. 우리는 이 땅에서 무거운 짐에 눌린 채 땅을 내려다보며 살아간다. 그 짐은 끝없이 되풀이되는 공허와 욕망의 악순환이요, 어떻게든 땅의 것을 잃지 않으려는 집착이요 탐욕이다. 그것뿐이랴? 육체를 괴롭히는 질병의 고통, 가난에서 오는 처절한 절망, 죽음의 공포, 결국은 기억할 이조차 없어질 명예와 벼슬 욕심 등등. 그 모든 것이 우리를 짓누르는 짐이다. 그 짐을 지탱하려고 그렇게 비지땀과 진액을 쏟아내며 발버둥치는 것이 우리의 삶이다.

예수는 이런 우리의 삶을 가리켜 "쉼이 없다"고 말씀하신 것이다. 우리 옆에는 그 짐을 내려줄 사람도, 그 짐을 받아줄 사람도 없다. 도리어 우리는 서로 부딪히며 끊임없이 상처를 입는다. 피차 질투하고 저주하며 증오하고 살인까지 저지른다. 한 사람의 애욕은 한 가정공동체를 파괴하고, 한 사람의 탐욕은 모든 이웃을 가난뱅이로 만들어 버린다. 그러니 이 땅에 무슨 쉼이 있으며 무슨 평강이 있으랴?

하지만 하나님 나라에는 쉼이 있다. 그 나라가 이 땅에 임하기를 간구하라고 예수가 우리에게 가르치신 것(마 6:10)도 이 때문이었다. 15세기 이탈리아의 개혁자요 수도사인 지롤라모 사보나롤라는 그의 〈주기도문 강설〉에 이런 묵상을 적어놓았다.

오, 내 영혼이여! 세상을 사랑하는 사람들은 이 땅의 재물을 갈망하고, 멸망할 수밖에 없는 권세를 추구하며, 왕의 친구가 되려 하고, 자신이 사랑하는 이 군주들이 흥왕하기만을 갈구하는구나. 그러나 우리는 그들과 반대로 하나님께 '당신의 나라가 임하시며'라고 간구한다. 그분의 나라는 얼마나 위대한가? 아우구스티누스의 말처럼, 그 나라는 가난이 주는 공포도 없고, 병 때문에 쇠약한 것도 없다. 그 나라는 어느 누구도 분노하지 않고, 어느 누구도 질투하지 않으며 재물이나 쾌락을 추구하는 불타는 듯한 탐욕도 없다. 거기는 재물을 갈망하는 이도 없으며, 명예를 욕심내는 이도 없

다. 그 나라는 마귀가 주는 두려움도 없고, 귀신들의 궤계도 존재하지 않는다.[1]

사보나롤라가 묘사하는 그 나라는 이사야 선지자가 기록해 놓았던 바로 그 곳이다. 사람들은 하나님의 백성이 되고 하나님은 그들의 하나님이 되시는 곳, 눈물도 사망도 애통도 통곡도 고통도 없는 그 곳, 해치는 것도 상함도 없으며, 이리와 양이 함께 먹는 그 곳(사 65:25), 바로 그 곳이다.

그런데 그 나라는 자라간다. 그 나라가 완성되면, 하나님이 모든 것 안에 가득하시며, 모든 것이 하나님을 알게 될 것이다. 참 쉼, 완전한 쉼은 바로 그 곳에 있다. 그 쉼이 이루어지는 그 때는 시간이 사라지고 영원이 존재하는 때일 것이다. 그 때는 밤이 없을 것이며 햇빛조차 쓸 데 없을 것이다. 하나님이 몸소 모든 것을 비추시는 빛이 되실 것이기 때문이다(계 22:5). 하나님은 우리를 그 쉼으로 인도해 가고 계신다.

하지만 지금 우리에겐 분명 이런 쉼이 없다. 예수는 과거 어느 때부터 우리 등에 무거운 짐이 지워졌으며, 그 짐 때문에 쉼을 누리지 못한다고 말씀하신다. 우리에겐 처음부터 쉼이 없었던 게 아니다. 우리는 쉼을 잃어버린 것이다. 그 때부터 우리에겐 눈물과 사망과 애통과 통곡과 고통이 찾아왔으며 우리끼리 서로 해치고 상하게 하며 서로 저주하고 죽이는 삶이 찾아온 것이다. 그 때가 언제일까?

2부

우리가
잃어버린 것들

3

잃어버린 '쉼의 형상'

이렇게 생각해 볼 수 있다. 예수는 우리에게서 쉼이 사라진 것을 과거 어느 때로 지목하셨다. 그렇다면 그 이전에는 분명 쉼이 존재했다는 이야기다. 성경에 인류가 쉼을 누린 적이 있었음을 증언하는 대목이 있는가? 있다. 성경의 첫 책인 창세기 안에 그것이 있다. 성경은 우리가 쉼을 잃어버린 뒤 찾아온 비참한 현실과, 쉼을 잃어버리기 전 하나님으로부터 받았던 복을 대비해 들려준다. 그럼으로써 인류가 쉼을 누리다가 잃어버렸다는 점을 충분히 짐작케 한다. 하나님은 금령(禁令)을 어긴 첫 인류 아담과 하와에게 이런 말씀을 선포하신다.

나(여호와 하나님)는 '분명히' 하와, 네가 당할 잉태의 고통을 더

크게 만들 것이며,

너는 고통 가운데 자식들을 낳게 되리라.

너는 네 남편을 정욕을 품고 갈구하게 될 것이며,

네 남편은 너를 지배하게 되리라.

아담, 너는 네 아내의 목소리를 좇아

내가 네게 먹지 말라고 명령했던 그 나무로부터 (열매를) 먹었다.

땅이 저주를 받아 네 수확에 (그 저주가 미치리니),

너는 네 사는 날 내내 고통들 가운데 그 수확물을 먹으리라.

또 (땅은) 네게 가시덤불 또 가시덤불을 낼 것이며,

너는 들판의 채소를 먹으리라.

너는 네 얼굴이 땀투성이인 채 떡(밥)을 먹게 되리니,

네가 땅으로 돌아갈 때까지 (그리하리라)(창 3:16-19).[1]

여호와 하나님의 말씀은 그대로 이루어졌다. 사람에겐 잉태와 출산의 고통이 지금도 계속되고 있다. 사랑인 듯하지만 정욕일 수 있으며 애정인 듯하지만 질투일 수 있는 아내의 심정이 남편을 향해 불타고 있다. 남편은 아내에게 초연한 듯하면서도 매달리며 아내를 염려하는 듯하면서도 지배한다. 이 모든 것이 뒤엉킨 채 현존하고 있다. 하나님은 출산이 고통이 되게 하겠다고 단단히 벼르셨다. 의술이 발달한 현대에도 출산 때문에 사망하는 여인들이 있는 걸 보면, 자신과 맺은 약속을 어긴 인간에 대해 하나님은 격노하셨던 게 분명하다.

그뿐이랴? 부부 사이에는 분명 사랑과 정욕이 뒤엉켜 있다. 예나 지금이나 마찬가지다. 프랑스 왕 루이 9세와 그의 부인 마르그리트는 어머니 블랑쉬 드카스티의 질투 때문에 왕궁의 다른 층 다른 방에 살았으면서도 어머니 몰래 나눈 부부의 정분으로 기어이 11남매를 낳았다.[2] 입센이 「인형의 집」에서 말하는 헬메르와 노라 부부의 모습을 보라. 남편의 애정이 사실은 구속과 지배일 수 있다는 걸 말해 주고 있지 않은가?

　땅이 저주를 받고, 그 땅에서 나온 아담 역시 저주를 받았다. 저주 받은 땅은 인간이 쏟아낸 땀만큼 수확을 안겨 주지 않는다. 도리어 가시덤불을 내고 그것을 걷어내면 또 가시덤불을 내어 인간의 수고를 잡아먹는다. 쉼 없이 땅을 파헤치는 인간 덕택에 땅마저 쉼을 잃었다. 그 땅을 경작하며 먹을 것을 마련하느라, 사람의 얼굴에는 땀방울이 마르지 않는다. 그 땀을 닦아낼 틈도 없이, 몇 숟가락 밥을 떠먹고 다시 땀을 흘리러 나가야만 한다. 그렇게 평생을 보내다가 결국 흙으로 돌아가는 게 인간의 삶이 되었다. 이런 삶은 분명 우리에게 가벼운 것이 아니다. 무거운, 너무나 무거운 짐 덩어리다.

　하지만 우리 인류는 여호와 하나님의 이 엄청난 선언이 있기 전에 이미 쉼을 잃었다. 인류가 쉼을 잃어버린 것은 마귀의 궤계에서 비롯되었다. 마귀는 사람에게 다가가 이렇게 이야기했다.

(동산 중앙에 있는 나무 열매를 먹어도)

너희는 결코 죽지 않아.

하나님도 아시거든.

너희가 그 열매를 먹는 날에는 너희 눈이 열리리라는 것을.

그래서 너희도 하나님처럼 좋고 나쁨을 알게 되리라는 것을

(창 3:4-5).

하나님은 사람을 당신보다 조금 못하게 지으셨다(시 8:5).[3] 그것이 창조의 질서였다. 마귀는 사람에게 이 질서를 거역하고 하나님과 같은 위치로 올라가라고 부추겼다. 사람은 높아지려는 욕망을 이기지 못했다. 욕망이 첫 부부를 쓰러뜨렸다. 가책이 찾아왔고, 하나님께 들킬까봐 두려운 마음에 나무 사이로 숨게 만들었다. 공포라는 짐이 그들을 짓누르기 시작했다. 그것이 바로 인류가 쉼을 잃어버린 첫 순간이었다.

그렇다면 그 이전 인류의 모습이 어떠했을까? 하나님은 자기 형상대로 사람을 지으시고 그들에게 "자녀를 낳고 번성하여 땅을 가득 채우라"(창 1:28)고 명령하셨다. 그런데 하나님은 여기서 자녀를 생산하는 데 고통이 있을 것이라고 말씀하시지 않는다. 이는 출산의 고통을 분명히 말씀하시는 창세기 3장 16절과 대비되는 부분이다. 이어 하나님은 사람들에게 "그 땅을 네 통치권 아래 두라"[4]고 명령하신다(창 1:28). 이는 곧 하나님이 지으

신 질서 속에서는 땅이 사람에게 철저히 복종하는 존재였음을 말해 준다. 그러나 인간이 하나님을 배반한 순간, 이 질서는 바뀌었다. 이미 앞에서 본 것처럼, 땅이 사람에게 저항하며 사람에게 맞서게 되었다(창 3:17-18).

그것만이 아니었다. 하나님은 처음에 "온 땅위의 씨 맺는 모든 채소와 씨를 가진 열매를 맺는 모든 나무"를 인간에게 양식으로 주셨다(창 1:29). 그러나 인류의 반역이 있은 뒤에는 "밭의 채소"만이 양식으로 허락되었다(창 3:18). 그것은 곧 인간이 흙으로 돌아가는 순간까지 경작의 고통을 겪지 않으면 양식을 얻지 못하게 되었음을 의미하며, 먹을 수 있는 것이 줄어들었음을 의미한다.

이것은 거꾸로 인간의 반역이 있기 전에는 경작의 고통이 존재하지 않았으며, 먹을 것 때문에 염려하는 일이 없었음을 말해 주는 것이다. 인류가 하나님을 배반하는 그 순간까지, 인간에게는 최소한 출산의 고통과 경작의 고통이 존재하지 않았다. 먹고 살 염려도, 자신에게 맞서는 땅 때문에 괴로워할 이유도 존재하지 않았다. 이제 인간은 먹고 사는 염려 때문에 더 많은 양식을 얻기 위해 발버둥치게 되었다.

하지만 양식은 한정되어 있었다. 당연히 다툼이 일어나고 강자가 약자를 억압해 약자의 것을 강탈하는 상황이 찾아들었다. 서로 해치고 상하게 하며 서로 빼앗고 죽이는 일이 생겨난 것이다. 첫 인류의 어리석은 행동이 온 인류의 쉼을 앗아갔다. 이제 각 사람에게 찾아온 삶의 불안은 그 사람의 쉼을 빼앗아 가는 것으로 끝나지 않는다.

예를 들어보겠다. 불안을 이길 수 있는 방법으로 땅 투기를 강구하는 순간, 어떤 일이 벌어지는가? 땅을 사 모으는 자는 땅값이 떨어질까봐 전전긍긍하며, 오르는 땅값에 덩실덩실 춤을 춘다. 그러나 그 때문에 등짝 하나 기댈 곳이 없어진 사람들의 고통은 얼마나 커지는가? 비단 이런 예만 있는 게 아니다. 동서고금의 역사를 훑어보면, 이런 탐욕과 고통의 사슬이 인류의 삶 속에 수없이 얽혀 있는 모습을 쉽게 발견할 수 있다.

하나님 나라 안에 있는 그 '쉼의 형상.' 하나님을 모르는 이조차도 "지상의 욕망이 더해갈 때마다 괴로운 근심이 한없이 커지는 것"[5]을 고백하는 걸 보면, 이 땅의 삶에서 쉼의 형상이 사라진 것은 분명한 사실이다.

4

잃어버린 '쉼의 날'

인간이 쉼을 잃어버렸음을 더욱 극명하게 보여주는 또 하나의 사실이 있다. '쉼의 날'을 박탈당한 것이다. 성경은 첫 번째 '쉼의 날'을 이렇게 기록하고 있다.

> 그런 다음, 하나님이 일곱째 날을 복 주시고
> 그 날을 거룩하게 하셨으니,
> 하나님이 그 날에 창조하시며 만드시던
> 당신의 모든 일을 멈추고 쉬셨기 때문이라(창 2:3).

여러분은 이 구절에서 '멈추고 쉬셨다'는 말을 어색하게 여길지도 모르겠다. 여기서 '멈추고 쉬셨다'에 해당하는 동사 '샤바

트'는 진행하던 일을 마무리하지 못한 채 멈추고 쉬었다는 뜻이 결코 아니다. 하나님은 일곱째 날에 이르기까지 당신이 하고자 하셨던 일을 완벽하게 마무리지으셨다. 그 증거들은 창세기 1장과 2장에 잘 드러난다.

첫 번째 증거는 창세기 2장 1절이 제시하고 있다. 여기에는 "하늘들과 땅과 모든 것들 —또는 70인경처럼 '모든 질서(우주)'로 번역해도 무방하다— 이 (완벽하게) 완성되었다"고 기록되어 있다. 히브리어 특유의 강조형 수동태를 우리말로 적절히 옮길 수 없는 저자의 한계를 절감할 정도로, 이 구절은 우주의 질서가 완벽하게 이루어졌음을 증언하고 있다. 일곱째 날에 이르기까지 우주만물과 인간을 창조하신 하나님의 작업은 완전하게 마무리되었다.

두 번째 증거는 창세기 1장에 나타난다. "하나님이 보시고 마음에 꼭 들어하셨다"[1]는 표현이 바로 그것이다. 이 표현은 무려 일곱 번이나 나온다. 특히 이 표현이 마지막으로 등장하는 31절은 "봐라! 너무 좋구나!"[2]로 직역할 수 있다. 그만큼 당신의 창조가 당신 뜻대로 이루어졌음을 보시고 매우 흡족해 하시는 하나님의 심정이 숨김없이 드러나 있다.

하나님은 당신의 경륜 속에서 예정된 일을 완벽하게 마무리지으셨다. 그분에게는 마무리짓지 못한 일에 대한 아쉬움이나 미련이 조금도 없으셨다. 그렇기에 일을 멈추신 것이다. 그랬기 때문에 하나님은 일곱째 날을 복 주시고 거룩하게 하셨던 것이다.

본디 히브리어에서 '거룩하다'는 말은 '따로 떼어 하나님께 드려졌다'는 말로도 바꿀 수 있다. 하나님은 일곱째 날을 떼어내 당신 자신에게 주신 것이다. 요한 사도가 하나님이시라고 증언했던 예수 바로 그분(요 1:1)이 자신을 가리켜 "안식일의 주인"(마 12:8)이라고 하신 것은 공연한 말씀이 아니다. 그 날의 쉼이 완전한 것이 아니었다면, 하나님은 그 날을 취하지 아니하셨을 것이다.

하나님이 쉬신 그 날은 하나님이 정하신 창조의 질서 가운데 있었다. 첫 남자와 첫 여자도 그 질서 속에서 쉼을 누렸을 것이다. 하나님과 더불어 '쉼의 날'을 누렸을 것이다. 하지만 하나님이 세우신 질서를 깨뜨린 결과, 사람들은 '쉼의 날'이 있던 그 질서로부터 쫓겨났다. 하나님이 첫 인류를 에덴에 있던 동산에서 내보내신 사건은 인간이 하나님과 더불어 쉼을 누릴 기회를 빼앗겼다는 사실을 극명하게 보여준 일이었다. 이제 우리는 하나님 품을 떠나 무거운 짐을 지고 유랑하는 신세가 되었다. 아버지는 본향에 계시지만, 우리는 아버지 집을 떠나 이방을 떠도는 처지가 된 것이다. 이제 인간에게는 '쉼의 날'이 사라졌다. 모든 일을 뜻대로 완전히 이루었기에 '모든 걸 멈추고 쉴 수 있는 그 날'이 인간에게는 존재하지 않는다.

세상 사람들은 '쉬는 날'을 제정해 쉬고 있다. 하지만 그 날은 어제에 대한 미련이 없는 쉼의 날이거나 내일로부터 오는 두려움을 느끼지 않는 쉼의 날이 아니다. 이제 우리는 하나님이 누리셨던 그 완전한 '쉼의 날'을 갖지 못한다. 그것이 우리의 삶이다. 야곱이 이집트의 파라오에게 자신이 살아온 130년의 세월을 어떻게 표현했는지 기억할 것이다.

> 그러나 내가 살아온 해(年)들의 날(日)들(세월)은 악했습니다(창 47:9).[3]

여기서 "악하다"는 말은 여러 가지 경우에 쓰인다. 먼저 사람의 성정과 행실이 포악한 것을 가리킬 때 성경은 이 말을 쓴다(시 5:5). 무화과가 나빠서 먹을 수 없는 것을 나타낼 때도 이 말을 쓰며(렘 24:2), 물이 나빠 음료수나 농업용수로 적합하지 않은 경우에도 역시 이 말을 쓴다(왕하 2:19). 그 모든 경우에 "악하다"는 말은 악한 것으로 지칭된 그것이 본디 가져야 할 성품이나 기능이나 효용을 완전하게 갖추지 못했음을 가리키는 공통점이 있다. 야곱이 살아온 날들은 완전하지 못했다. 미련과 후회와 아쉬움과 회한이 남았을 것이다. 그 삶에 '쉼의 날'이 어찌 있을 수 있었겠는가? 아마 이 말을 하는 순간, 수많은 삶의 장면들이 주마등처럼 스쳐갔을 것이다.

형 에서의 배고픔을 틈타 떡과 렌즈콩 요리[4]로 맏아들의 특권을 뺏어낸 일(창 25:27-34), 아버지 이삭을 속여 형에게 돌아갈 복을 가로챈 일(창 27장), 라헬을 취하려다가 삼촌 라반의 속임수에 넘어가 20년이나 중노동에 시달렸던 일(창 31:38-41), 고향으로 돌아가면서 에서가 보복하지 않을까 하는 두려움에 떨었던 일(창 32장), 딸 디나가 세겜에게 치욕을 당한 일(창 34장), 사랑하던 아내 라헬이 막내아들을 낳다 죽은 일(창 35:16-21), 큰 아들 르우벤과 자신의 첩 빌하 사이에 벌어진 근친상간(창 35:22), 동생에 대한 아버지의 편애를 질투한 형들의 범죄 행위(창 37장), 여러 차례의 가뭄으로 생존의 위기를 겪었던 일(창 42, 43장) 등, 탐욕과 잔꾀와 애욕과 미움과 절망과 공포와 슬픔으로 점철된 그의 삶은, 그의 말처럼 '악한 삶'이었다. 그런 삶에 무슨 쉼이 있었겠는가? 하지만 그런 삶이 비단 야곱의 삶뿐이겠는가? 인류 역사에서 가장 호사(豪奢)를 누렸다는 솔로몬 왕의 서글픈 고백을 들어보라.

> 무엇이 그 사람에게 남아 있는가?
> 그가 해 아래에서 일하면서
> 힘들게 행했던 모든 일과 그가 마음으로 애썼던 일 가운데.
> 그가 살아온 모든 날들은 괴로움들이요
> 그가 분주하게 굴었던 일은 진절머리 나는 것(또는 비통함)이라.
> 밤에도 그의 마음은 누워 잠들지 못하니
> 이 역시 헛것(거짓된 것)이로구나(전 2:22-23).

"사람이 살아온 모든 날이 괴로움들"이었다고 그는 고백한다.

그런데 그 괴로운 나날 속에서 진저리치며 매달렸던 일들 가운데 남아 있는 것이 아무 것도 없다. 이 얼마나 어이없는 일인가? 쉼을 잃어버린 인간의 삶이 이러하다. 하나님을 모르는 사람들조차 삶 속에는 쉼이 차지할 공간이 없음을 고백한다. 언젠가 읽었던 헤르만 헤세의 소설「크눌프」의 한 대목이 생각난다. 거기서 크눌프는 삶에 쉼이 없음을 이야기하면서 아름다운 꽃들과 나무들이 우거져 있는 공동묘지가 자신이 편히 쉴 곳이라고 말한다. 그러나 흙으로 돌아간 인생에게 해가 뜨고 해가 지는 하루하루가 무슨 의미가 있단 말인가?

5

쉼을 포기하신 하나님

그런데 나는 여기서 놀라운 사실 하나를 이야기하지 않을 수 없다. 우리와 온 우주가 쉼을 잃어버리고 고통 가운데 빠졌을 때, 하나님 역시 쉼을 누리시지 못하게 되었다는 사실이다. 인간이 쉼을 잃어버린 것은 하나님이 세우신 창조 질서에 도전한 결과였다. 그 어이없는 도전 때문에 일곱째 날에 이르기까지 당신의 마음에 꼭 들도록 이뤄 놓으셨던 모든 것이 흐트러지고 말았다. 하나님은 인간을 당신의 질서 밖으로 추방하셨지만, 당신의 피조물이 처음 형상을 잃어버린 채 타향에서 쉼도 없이 방황하는 것을 참지 못하셨다. 당신의 영광을 결코 빼앗길 수 없으셨기 때문이다.

그 때문에 하나님은 창조 질서를 회복하려고 하신다. 만물이 하나님께 경배하며, 당신의 영을 부여받은 인간이 오직 하나님만을 경배하는 그 질서를 회복하려고 하신다. 아니, 회복이 아니라, 그 질서를 무너뜨리려 했던 마귀조차 완전히 박멸하심으로 이제는 결코 무너질 수 없는 '새 질서'를 세우려고 하신다.

그 새 질서가 바로 하나님 나라다. 그 질서 안에 완전한 쉼이 있다. 하나님은 그 나라를 이뤄 가실 것임을 선포하셨다. 창세기 3장 15절이 그 선언의 출발점이다. 하나님은 완전한 쉼을 세워 가시는 일을 시작하셨다. 그 덕분에 하나님은 쉴 틈이 없게 되셨다. 스스로 쉼을 포기하신 것이다. 여러분은 예수가 이렇게 말씀하셨던 것을 기억하는가?

내 아버지께서 지금까지 일하고 계시니 나도 일한다(요 5:17).[1]

이 말씀이 어떻게 해서 나오게 되었는가? 예수, 곧 사람으로 오신 하나님은 당신 자신에게 주셨던 일곱째 날, 바로 그 쉼의 날에 38년이나 병고에 시달린 한 인생을 고쳐 주셨다. 예루살렘 양문(羊門) 곁에 있는 베데스다 연못가에서 벌어진 일이었다. 그곳에서 질병의 고통이라는 짐 더미에 눌려 쉼을 얻지 못하던 인생에게 자비를 베풀어 쉼을 주신 것이다. 하지만 유대인들은 쉼의 날에 '쉬지 않고' 병자를 고치는 '일을 하신' 예수를 책망했다. 그랬다. 예수는 일을 하셨다. 하지만 그분이 '쉼의 날' 조차 쉬지 못한 채 일을 하실 수밖에 없었던 이유는 무엇일까? 유대인을 포함한 모든 인류의 조상들이 추구했던 욕망 때문이 아닌가? 오히려 저들은 그분께 감사해야만 했다. 그분은 인류와 온 우주가 하나님이신 당신 안에서 완전한 쉼을 누릴 수 있게 하시려고 스스로 쉼을 포기하셨기 때문이다.

예수의 말씀처럼, 하나님은 인류와 온 우주에게 쉼을 되찾아 주시려는 일을 끊임없이 전개해 오셨다. 그 과정을 살펴보면, 하나님이 완전한 쉼이 이루어지는 그 날이 이르기 전에도 인류에게 쉼을 맛보게 하시려고 얼마나 애쓰셨는지 알 수 있다. 그 과정 속에는 심지어 하나님 자신이 "자기를 낮추시고 죽기까지 복종하신 십자가 사건"(빌 2:8)까지 들어 있다. 하나님은 당신의 쉼조차 어지럽힌 인류를 책망하시고 그들을 쉼이 없는 자리로 내모셨다. 하지만 하나님은 당신이 첫 인류에게 말씀하신 그 저주를 당신에게 돌리셨다. 그분은 인간이 쉼을 잃어버린 순간부터 당신의 쉼을 포기하신 채, 온 인류의 짐을 떠맡고자 일하셨고 지금도 그러하신다. 그런 점에서 하나님이 인류의 쉼을 회복시켜 가시는 이 역사는 은혜와 자비의 연속이다. 그 역사는 하나님이 하나님 나라의 지경을 넓혀 가시는 역사이기도 하다. 이제 하나님이 인류의 쉼을 되찾아주시려고 걸어가셨던 발자국을 따라가 보자.

3부

'완전한 쉼'을 위해
일하시는 하나님 - 1

3부 쉼을 잃은 인류는 하나님 나라에서 쫓겨나 철저히 땅의 가치와 구조에 순응하는 존재로 변질되었다. 그것은 곧 마귀가 제시하는 가치와 구조가 인류의 삶을 지배하게 되었음을 말한다. 물질과 권력과 명예가 숭배받고 정의와 평등과 사랑이 무너진 것은 그 때문이다. 마귀는 심지어 하나님에게도 물질과 권력이 최고의 가치임을 주장한다(욥 1:10-11). 그러나 모든 피조물이 쉼을 회복하려면 먼저 인간이 이 가치와 구조에서 벗어나야만 했다.

그래서 하나님은 우선 인간에게 마귀가 제시하는 가치와 구조에 순응하는 모든 행위를 버리도록 요구하셨다. 삶의 염려와 불안, 땅의 것에 대한 집착과 탐욕을 버리고, 나와 남의 경계를 초월해 공동체를 생각하도록 명령하셨다. 이스라엘 공동체에 주신 법이 바로 그 예다.

그러나 법은 변질된 인류의 본질을 바꾸지 못했다. 그 법은 분명 하늘나라의 법이었으나, 그 법을 받은 인생들은 여전히 땅에 속해 있었던 것이다. 마귀가 하나님께 큰 소리를 칠만 했다. 하나님이 인류의 반역 후에 가장 먼저 마귀를 멸하겠노라고 선언하신 것(창 3:15)은 바로 그 때문이었다. 인류를 꾀어 결국 온 피조물로 하여금 쉼을 잃게 만든 그 장본인을 없애야만 비로소 완전한 쉼이 이루어질 수 있기 때문이다(계 20-21장).

하나님은 '쉼의 법'을 선포하심으로써 완전한 쉼으로 나아가는 첫 작업을 시작하셨을 뿐이다. 이제 그 작업은 역사가 진행될수록 육의 세계를 넘어 영의 세계로, 이스라엘을 넘어 온 세상으로, 인간의 외면으로부터 인간의 내면으로 확대되어 갈 것이다. 우리는 우선 여기서 하나님이 시작하신 쉼의 완성 작업 그 첫 번째 단계를 살펴보기로 하자.

6

만나와 안식일

이제 너희는 이렇게 기도하라.

하늘에 계신 우리 아버지,

당신의 이름이 거룩하게 되시며,

당신의 나라가 오시며,

당신의 뜻이

하늘에서도 땅위에서도 이루어지이다.

여기서 살아가는 데 필요한 우리의 떡을[1]

오늘 우리에게 주시고

(마 6:9-11).

예수는 산 위에 올라가 설교하실 때 우리가 기도할 내용을 이렇게 일러 주셨다. 이 기도에서 그분은 먼저 하나님의 나라가 하늘과 땅 위에서 모두 이루어지기를 기도하라고 말씀하신다. 이것은 '장차' 새 하늘과 새 땅이 창조될 때(계 21장) 온 우주와 온 피조물이 하나님의 영광을 찬미하게 될 하나님 나라의 완성을 앙망하는 기도이다. 동시에 이 기도는 이미 하나님이 보좌에 앉아 통치하고 계시는 하늘나라의 질서(겔 1장)가 '지금' 이 땅 위에서도 이루어지기를 간구하는 것이다. 그것은 곧 우리가 살고 있는 이 땅에는 하나님의 통치가 구현되는 하나님 나라가 아직 이루어지지 못했음을 말하는 것이다.

바로 이런 현실 때문에 그 기도에 뒤이어 곧바로 우리에게 "여기서 살아가는 데 필요한 우리의 떡을 오늘 우리에게 주소서"라고 기도하도록 가르치시는 예수의 말씀은 의미심장하다. 이 기도는 이 땅에서 하나님 나라가 이루어지기를 바라는 기도를 달리 표현한 것이기 때문이다. 왜 그런가?

첫째, 이것은 우리가 먹을 떡이 아버지로부터 온다는 것을 말씀하시는 것이기 때문이다. 인간이 하나님을 배반한 뒤, 인간을 시험해 쉼이 없는 질곡에 빠트렸던 마귀는 자신이 설정한 '가치와 구조'를 동원해 인간을 지배하기 시작했다. 마귀는 권력과 재물을 최고의 가치로 설정했으며, 사람이 사람 위에 군림하는 구조를 창설했다(마귀는 사람으로 오신 하나님 예수에게도 이 가치와 구조를 따르라고 시험하지 않았던가? 마 4:1-11).

이 가치와 구조 속에서 마귀는 자신이 떡의 주인인 것처럼 행세한다. 마귀의 가치를 따르는 지상의 권력자들도 마찬가지다. 이 권력자들은 백성들에게 떡의 대가를 요구한다. 그러나 양식의 근원인 땅과 거기에 있는 물과 거기에 있는 식물은 모두 하나님이 만드신 것이다. 양식의 소유권을 주장할 수 있는 이가 있다면 오직 하나님뿐이시다. 예수는 그 사실을 우리에게 일러주시는 것이다. 우리가 하나님께 양식을 구하는 것은 곧 우리 조상이 부인했던 하나님의 질서, 곧 하나님만이 통치하시며 만물이 그분께 복종하는 그 질서에 다시 순종함을 의미한다. 그 질서가 바로 하나님 나라의 질서다.

둘째, 예수는 "여기서 살아가는 데 필요한 우리의 떡을 오늘 우리에게 주소서"라는 이 기도 속에서 두 번이나 "우리"라는 표현을 사용하신다. 그것은 곧 "우리"라는 말로 표현된 이 땅의 모든 사람이 아버지가 주시는 떡을 똑같이 받아먹을 수 있도록 기도하라는 말씀이다. 하나님 나라의 질서 속에서는 모든 이가 똑같이 쉼을 누린다. 어느 누구도 굶주림 때문에 고통당하지 아니하며, 어느 누구도 배고픔 때문에 서러워하지 않는다. 예수는 우리 각자에게 골방에 들어가 은밀히 기도하라고 말씀하신다(마 6:6). 하지만 그 때에도 여전히 각 사람이 "우리"라는 이름으로 기도해야 한다고 말씀하신다. 그것은 곧 우리 각 사람이 홀로 기도할 때에도[2] "우리 전체"에게 골고루 양식이 돌아가도록 기도해야 함을 가르치시는 것이다. 나의 배고픔은 우리 전체의 배고픔이며 우리 전체의 배부름은 곧 나의 배부름임을 일러 주시는 것이다. 완전한 쉼이 이루어지는 하나님 나라에서는 모든 사람이 하나가 된다. 그 때에는 각 사람의 영이 하나님의 영으로 충만하게 되므로 나와 남의 구별이 없어지게 된다. 이웃이 굶주리는 것은 곧 내가 주리는 것이 되는 것이다. 홀로 있을 때에도 "우리"에게 양식을 내려달라고 아버지께 기도할 수 있는 이는 하나님 나라의 백성뿐이다. 그러기에 이것은 이 땅에서 하나님 나라가 이루어지기를 간구하는 기도인 것이다.

출애굽기 16장이 증언하는 '만나와 안식일' 사건은 바로 이 주기도가 제시하고 있는 하나님 나라의 쉼을 그대로 보여준 사례이다. 이 사건은 모든 이가 공평하게 하나님으로부터 떡을 받아 함께 먹음으로 굶주림 때문에 고통당하는 이가 아무도 없는 '쉼의 공유'를 분명하게 보여준다. 사실 출애굽기 16장의 사건은 어이없는 원망과 불평으로부터 시작되었다.

지금은 이집트 땅인 시나이 반도 남서쪽의 신 광야에 다다른 이스라엘 백성은 굶주림 때문에 모세와 아론을, 결국은 여호와 하나님을 원망했다. 그들은 단지 먹을 것이 있었다는 이유로, 자신들이 노예로 혹사당했던 이집트를 그리워했다(출 16:3). 그들은 이미 하나님 나라의 백성으로 선택받은 민족이었지만, 자신들이 살게 될 하나님 나라는 저 가나안에 있었다. 조금 더 있으면 젖과 꿀이 흐르는 그 땅에 들어가 오직 하나님만을 왕으로 섬기며 모든 이가 평등한 쉼을 누리게 될 것이었다. 하지만 그들은 잠시 동안의 고통을 견디지 못하고 인간인 파라오의 노예로 살았던 기나긴 고통의 나날은 잊어버린 채 거기서 먹은 음식만을 생각한 것이다.

훗날 완전한 쉼은 분명 이루어질 것이다. 그러나 그 이전에도 하나님이 그 쉼의 형상을 인간들에게 미리 공개하시는 것은 이렇게 인내심 없는 인간들의 성품을 잘 아시기 때문이다. 하나님은 이스라엘을 책망하지 않으셨다. 그 대신 이스라엘이 꿈도 꾸지 못했던 선물을 그들에게 내려주셨다.

하나님은 아침마다 이스라엘의 모든 사람이 먹을 양식을 내려주셨다. 그 때까지 아무도 그 양식을 본 적이 없었다. 지면에 있는 이것을 보고 이스라엘 백성들은 서로 이렇게 물었다. "저게 뭐지(man hu)?" 결국 이름을 알 수 없었던 그것은 '무엇(man)'[3]이라는 이름을 갖게 되었다. 하나님은 이 '무엇'을 주시면서 이스라엘 백성들에게 다음과 같은 법을 정하셨다.

첫째, 매일 아침 만나를 거두되 "한 사람당 한 오멜(약 2리터)씩 거둘 것"(출 16:16). 둘째, "그날 거둔 것은 그날 다 먹을 것이며 다음 날 아침까지 남겨두지 말 것"(출 16:19). 셋째, "일곱째 날은 완전히 쉬는 날이며 여호와께 거룩한(거룩히 구별되어 드려진) 안식일인즉 여섯째 날에 이틀 양식을 줄 것이니 여섯째 날에 이틀 양식을 거두고 일곱째 날은 모두 자기 처소에서 쉴 것"(출 16:23-30). 이상 세 가지가 하나님이 정해 주신 법이었다. 하나님은 이 법을 '토라'라고 일컬으시며, 이스라엘이 이 토라를 따르는지 지켜보겠다고 말씀하셨다(출 16:4).

그만큼 하나님은 이 법에 애착이 많으셨다. 왜 그러셨을까? 당신을 원망한 이스라엘을 혼낼 빌미를 잡으려고 그러셨을까? 아니다. 그것이 본디 하나님 나라의 법이기 때문이었다. 하늘로부터 오는 양식을 균등하게 누리며 하나님이 허락하신 완전한 쉼을 똑같이 누리는 것, 그것이 하나님의 질서였기 때문이다. 나아가 쉼을 잃어버린 당신의 피조물 인간을 불쌍히 보시고 사랑하셨기 때문에 법으로라도 그 쉼을 강제하려고 하셨던 것이다.

그러나 아무리 고통스러운 것이라도 몸에 배면 쉽게 버리기가 힘들다. 쉼을 잃어버린 인류에겐 먹고 사는 일이 가장 시급한 과제가 되었다. 먹고 살 염려 때문에 사람들은 기회만 닿으면 자기 것을 더 많이 거두어 쌓아두려고 몸부림치게 되었다. 내일 일이 어찌될지 모른다는 불안과 공포가 인간을 짓눌렀기 때문이다. 그 때문에 내일 것까지, 가능하면 그 다음 것까지 미리 확보해 두려는 조바심이 인간에게는 지혜로운 마음처럼 인식되었다.

이스라엘도 마찬가지였다. 분명 하나님은 한 사람당 한 오멜을 정해 주셨고, 날마다 그 날 먹을 것만을 거두게 하셨다. 그러나 이스라엘은 이를 따르지 못했다. 쉼 없이 살아온 삶의 타성이 몸에 익어 버린 것이다. 많이 거두려 하는 자가 있었고, 내일도 그 양식을 먹을 수 있을지 불안해 다음 날 아침까지 양식을 남겨

두는 자도 있었다. 그러나 많이 거두었다 싶어도 결국 1인당 한 오멜을 거두었을 뿐이고, 아침까지 남겨 놓은 양식은 상해서 버리게 되었을 뿐이다(출 16:18, 20).

그뿐인가? 하나님은 인간들에게 완전한 쉼을 맛볼 수 있는 기회를 주고자 하셨다. 먹을 것을 얻기 위한 노동을 완전히 멈추어도, 먹을 것이 없어서 염려하지 않으며 먹을 것이 없을까봐 두려워하지 않는 쉼을 허락하고자 하셨다. 그 때문에 하나님은 하루뿐인 만나의 유효기간을 여섯째 날에는 이틀로 연장시켜 주셨으며, 일곱째 날에는 아예 들에 나가 만나를 거두지 않고 각자의 장막에서 완전히 쉬도록 명령하셨다. 그러나 어떤 사람들은 일곱째 날에도 들에 나갔다(출 16:27). 기왕이면 남보다 더 많이 거둬보자는 욕심, 일곱째 날이 지난 다음 날 하늘에서 그 양식이 다시 내려올까 하는 염려가 그들을 밖으로 내몰았을 것이다.

그러나 그것은 하나님을 알지 못하는 행동이었다. 하나님은 당신의 말씀대로 행하시는 분임을 알았다면 그들은 그렇게 행동하지 않았으리라. 하나님을 알지 못하는 이의 영혼 속에는 욕심과 염려만이 가득할 뿐이다. 완전한 쉼의 기쁨을 체험하지 못한 인류는 그 쉼을 누릴 수 없다. 이스라엘이 그러했다. 그들은 무거운 짐 더미가 짓누르는 삶에서 벗어난 적이 없었기에, 그저 그들의 가장 큰 고민거리인 먹을 것만 해결되면 그걸로 만족했다. 그러나 그들은 이제 겨우 완전한 쉼으로 나아가는 여정을 시작했을 뿐이다. 그저 먹을 것을 염려하지 않아도 되는 지금의 쉼은 불완전한 쉼이었다. 완전한 쉼 속에는 염려와 먹을 것이라는 개념조차 존재하지 않을 것이기 때문이다.

출애굽기 16장의 이 사건은 인간이 하나님을 배반한 이후 하나님이 처음으로 '쉼의 날'을 법으로 제정하셨다는 점에서 또 하나의 의미를 갖는다. 비록 지구의 한 지점인 시내 광야, 인류의 일부인 이스라엘 자손, 이레 가운데 하루만 누리는 쉼이었지만, 그것은 장차 온 우주에 하나님이 가득 채우실 그 날의 완전한 쉼이 어떤 모습일지 조금이나마 보여줄 수 있는 것이었다. 하지만 "만나와 함께한 안식일이 완전한 쉼은 아니었다." 왜냐하면 그것은 인간들이 스스로 누린 쉼이 아니라, 하나님이 법으로 강제하신 쉼이었기 때문이다.

폴란드 출신의 유대교 신학자 아브라함 헤셸은 이런 말을 했다. "어떤 사람이 다른 사람의 고통에 얼마나 민감한가, 어떤 사람이 다른 사람을 한 인간으로서 존중하는 데 얼마나 민감한가 하는 것이야말로 그 사람의 인간 됨됨이를 보여 주는 지표다."[4] 그의 말에 따르면, 다른 사람의 고통을 100퍼센트 자기의 고통으로 받아들이며 다른 사람을 자기만큼 존중하는 사람은 완전한 사람이다. 그런 완전한 사람은 아마 나와 너의 경계를 넘은 사람일 것이다. 그러나 사람이 완전해지려면 새 영, 새 육신으로 재창조될 때나 가능할 것이다. 광야의 이스라엘은 아직 그런 존재가 아니었다. 그들에겐 여전히 나는 나, 다른 사람은 다른 사람이었다. 인간이 완전한 존재로 재창조되어 스스로 모든 이와 쉼을 공유할 때, 비로소 완전한 쉼은 이루어질 것이다. 그 좋은 쉼이 토라로 강제되어야만 했던 것은 이스라엘의 구성원 하나하나가 아직 그 쉼을 다른 이와 공유하려 하는 존재가 되지 못했기 때문이다.

만나는 이스라엘이 가나안에 들어가 그 땅의 소산을 먹은 다음 날 그쳤다(수 5:12). 그것은 이스라엘이 다시 가나안에서 경작하는 삶을 살아야 한다는 것을 의미했다. 이스라엘은 다시 땅과 투쟁을 벌여야 했다. 그건 곧 그 백성들이 양식이 부족하지 않을까 하는 염려와 초조함에 다시 시달려야 함을 의미했다. 경작할 땅이 없는 사람이나 경작할 힘이 없는 사람은 굶주림의 고통에 시달릴 수 있으며, 땅을 매개로 강자가 약자를 억압할 수도 있었다.

만일 그런 일이 벌어진다면, 이스라엘은 하나님이 '만나와 안식일'을 통해 그들에게 부여하셨던 '쉼의 공유', 즉 '양식의 공유와 완전히 쉬는 날의 공유'를 잃어버리고 말 것이다. 그것은 이스라엘이 그들의 첫 조상 아담과 하와를 꾀었던 마귀의 '가치와 구조'에 다시 복종케 된다는 것을 말하며, 이 땅에서 다시 하나님의 나라를 일구어 가시려던 하나님의 계획이 좌절된다는 것을 의미한다.

"만나와 안식일은 예방주사였다." 삶의 불안과 염려, 고통이 엄습한다 할지라도, 만나와 안식일을 통해 누렸던 쉼을 이스라엘이 모두 기억한다면, 그 쉼을 함께 누리기 위해 분발할 수 있을 것이다.

하지만 이스라엘은 하나님이 그들에게 허락하신 '쉼의 날'이 복이라는 사실을 끝내 잊어버렸다. 하나님은 '쉼의 날'을 지키지 않은 이스라엘에게 그 날을 거룩히 여기도록 경고하시며 이렇게 말씀하셨다.

> (너희 조상은 내 말을) 듣지 아니하고 귀를 기울이지 아니하며
> 그 목을 뻣뻣이 하여
> 듣지 아니하고 바른 길로 인도하는 가르침을 받지 않았다
> (렘 17:23).

무엇이 이스라엘로 하여금 '쉼의 날'을 누리지 못하게 했을까? 그 날을 쉬면 굶을까봐 두려워하는 마음이요, 그들이 쉬는 날에도 양식을 내려주시겠다는 하나님을 믿지 못하는 마음 때문이었을 것이다. 예수가 "무엇을 먹을까, 무엇을 마실까, 무엇을 입을까 염려하는 것"을 믿음이 없는 이방인의 염려라고 말씀하신 것은 바로 이런 까닭이리라(마 6:31-32).

7

땅의 분배

한 사람의 탐욕은 공동체 전체의 붕괴를 가져올 수 있다. 한정된 것을 서로 더 많이 차지하려 할수록 쉼과 평강은 공동체로부터 멀어진다. 그 때문에, 가령 부모들은 자녀들에게 무언가를 줄 때, 각기 몫을 정해 나눠 주곤 한다. 별미를 나누어 주거나 선물을 나누어 줄 때, 특히 그런 방법을 많이 쓴다. 왜 그렇게 하는가? 그렇게 하지 않으면, 힘이 세거나 영악한 아이가 그렇지 못한 아이의 것까지 독차지할 것이며 약하거나 우직한 아이는 영영 아무 것도 누리지 못하게 될 것이기 때문이다. 그렇게 되면 형제 사이에는 분노와 원망과 다툼과 증오가 끊이지 않을 것이다. 쉼이 사라지는 것이다. 선하게 보이는 어린 아이의 마음에도 욕심이 존재한다는 걸 잘 알기에, 부모는 궁여지책으로 각자 몫을 정해 주고 그 몫을 침범하지 못하도록 막는 것이다. 그런 점에서 보면, 각자에게 그 몫을 정해 주는 것은 타락한 인간의 특징인 탐욕과 무절제에 한계를 그어 공동체의 쉼, 공동체의 평강을 보장하는 방편이라고 말할 수 있다.

하나님은 이스라엘의 아버지셨다(출 4:22). 그분은 당신이 이집트에서 구해 낸 아들 이스라엘이 가나안에서 서로 욕심을 부리느라 쉼이 없는 아귀다툼을 벌이게 될 것을 우려하셨다. 가나안이 어떤 곳인가? 그 곳은 이스라엘의 아버지 여호와 하나님이 당신의 아들에게 '쉼의 터'로 주신 땅이었다. 히브리서의 저자는 아예 '가나안 땅 자체'를 가리켜 "그 쉼"이라고 말한다(히 3:18, 신 1:35). 왜 그랬을까? 그 곳은 아버지 하나님이 늘 함께 계셨기에 하던 일을 멈추고 완전히 쉬더라도 내일의 염려가 없는 곳이었기 때문이다. 그분의 마음속에는 어느 자식도 그 땅에서 소외되지 않고 쉼을 누려야 한다는 생각이 가득했다. 그 때문에 아버지 하나님은 당신의 소유인 토지(레 25:23)를 아들인 이스라엘에게 골고루 나눠 주셨다. '쉼'을 골고루 나눠 주신 것이다.

여호수아서는 가나안 정복기와 땅 분배기라고 불러도 될 만큼, 이스라엘이 차지한 가나안 땅의 분배 사건을 무려 아홉 장에 걸쳐 서술하고 있다(수 13-21장). 왜 하나님은 이렇게 긴 기록을 남기셨을까? 어쩌면 그것은 철부지 아들 이스라엘을 염려하는 하나님의 마음이 너무나 크다는 것을 보여 주시려는 의도가 아니었을까? 그렇게 보면 출애굽기 16장이 증언하는 '만나와 안식일의 토라' 역시 하나님의 이런 마음이 표현된 것일 것이다. 히브리어로 '분깃, 몫'을 뜻하는 말이 '마나(manah)'인 것은 우연의 일치일까?

하나님은 이스라엘에게 "모든 것을 함께 할 것"을 요구하셨다. 좋은 일 궂은 일을 모두 함께 나누도록 명령하셨다. 그 중 한 예가 땅의 분배였다. 하나님은 여리고 맞은 편 요단 가 모압 평지에서 이스라엘 인구를 조사하게 하셨다. 온 회중의 총수를 조상의 가문대로 조사하되, 이십 세 이상으로 전쟁에 나갈 만한 자를 계수할 것을 명령하셨다(민 26:2). 하나님은 그 조사에서 밝혀진 사람 수에 따라 땅을 나누라고 말씀하셨다(민 26:53). 나누되 제비뽑아 나눌 것이며, 받은 땅은 각 지파의 기업(대대로 이어질 소유)가 될 것이라고 말씀하셨다(민 26:55-56). 기업으로 받은 땅은 영구 매각할 수 없었다(레 25:23). 레위 지파는 땅을 기업으로 받지 못했다. 그들의 기업은 이스라엘 자손들이 바치는 십일조였기 때문이다(민 18:21).

그런데 이스라엘 자손 가운데 어느 누구도 예외 없이 그 기업을 받아 누릴 수 있도록 하나님이 배려하셨다는 점을 알 수 있는 사례가 있다. 슬로브핫의 딸들에게 기업을 준 사례가 그것이다(민 27:1-11). 그들은 아들이 아니라는 이유로 기업을 받을 대상에서 제외되었다. 하지만 그들은 그것이 부당함을 호소했고, 하나님은 이들의 말이 옳다고 인정하시면서 이들에게도 기업을 주도록 명령하셨다. 이 때 하나님은 죽은 자의 기업을 물려받을 자의 순위를 정하셨는데, 그 순위는 오늘날의 상속법만큼이나 상세하다(죽은 자의 아들 — 죽은 자의 딸 — 죽은 자의 형제 — 죽은 자의 아버지의 형제 — 죽은 자와 가장 가까운 친족, 민 27:8-11). 죽은 자에게 아들이 없을 경우 그 딸이 기업을 물려받도록 한 점이 오늘날과 다를 뿐이다.

당시에는 딸들이 혼인하면서 일정한 혼자(婚資)를 아버지로부터 받았기 때문에, 딸들은 더 이상 친가(親家)의 재산을 물려받을 수 없었다. 출가한 딸은 남편 가문 사람이 되었다. 그러나 남편이 죽더라도 남편의 기업은 오직 그녀가 남편에게 낳은 아들만이 물려받을 수 있었다.[1]

이스라엘이 가나안에 들어가 이방 민족을 몰아내고 땅 분배를 마쳤을 때, 하나님은 이스라엘로 하여금 "그들 주변으로부터 쉼을 누리게 하셨다"(수 21:44). 어떤 적(敵)도 이스라엘과 맞설 수 없게 되었다. 외부로부터 오는 쉼의 방해 요인은 잠잠해졌다. 하지만 이스라엘 내부에서 발생할 수 있는 쉼의 방해 요인이 문제였다. 하나님이 창조하신 질서를 거역한 인간에게 쉼이 사라진 것처럼, 가나안에 세워진 하나님 나라의 통치 질서를 이스라엘이 거역할 경우 그들의 쉼은 사라질 게 분명했다. 그런 점에서 하나님이 각 지파, 각 가족, 각 사람에게 기업으로 주신 땅을 온 이스라엘이 존중하느냐의 문제는 아주 중요한 일이었다.

하나님은 이스라엘이 가나안에 들어올 때까지 두 번에 걸쳐 토라의 핵심인 십계명을 이스라엘에게 일러 주셨다(출 20:1-17, 신 5:6-21). 그것은 이스라엘이 하나님의 백성으로 반드시 지켜야 할 질서였다. 그 가운데 "네 지파의 친족(또는 네 동포)에게 속한 모든 것을 욕심내지 말라"[2]는 계명이 들어 있는 것은 결코 우연이 아니다. 한 사람이 자기 동포의 땅을 탐내는 순간, 이스라엘 공동체의 쉼은 무너질 게 분명했다. 동포의 땅을 탐내는 것은 곧 동포의 '쉼'을 탐내는 것이었다. 그 때문에 하나님은 이 계명을 이스라엘에게 법으로 강제하신 것이다. 이스라엘이 가나안에서 쉼을 누리려면, 하나님이 정하신 질서에 순종해야만 했다. 그것은 곧 하나님만이 이스라엘의 통치자시며 이스라엘의 모든 구성원은 한 형제라는 원리에 순종해야 함을 의미하는 것이었다(신 6:4-5, 레 19:18).

하지만 우리는 성경이 증언하는 이스라엘 역사를 보면서 하나님이 부여하셨던 쉼이 어이없이 무너지는 광경을 목격하게 된다. 여호수아는 죽기 전에 세겜에서 이스라엘로 하여금 하나님 여호와만을 섬기고 그분의 목소리에 따르겠다는 다짐을 받는다(수 24장). 그러나 이 다짐은 사사 시대로 넘어가면서 물거품이 되고 만다. 이스라엘은 마지막 사사인 사무엘 시대에 마침내 그들의 왕이신 하나님을 버리고 인간 왕을 요구하기에 이른다(삼상 8:1-8). 핑계는 그럴 듯했다. 사무엘의 아들들이 뇌물을 받고 판결을 굽게 한다는 게 그 이유였다. 하지만 그들의 진심은 하나님을 인정하지 않으려는 데 있었다. 그런 그들의 속내를 아셨기에, 하나님은 "그들이 나를 집어던져 (내가) 그들을 다스리는 걸 거부했다"(삼상 8:7)[3]고 말씀하셨다. 그런데도 하나님은 이스라엘의 이 요구를 허락하셨다. 동시에 그분은 의미심장한 경고를 백성들에게 들려 주셨다. 그 경고 가운데 이런 내용이 있다.

(너희를 다스릴 그 왕이)
너희의 밭들과 너희의 포도밭들과 너희의 올리브밭들 가운데
가장 좋은 것을 취하여
자기 종들(신하들)에게 줄 것이며,
또 너희의 곡식들과 너희의 포도밭들의 십일조를 거두어
자기의 환관들과 자기의 종들(신하들)에게 줄 것이다
(삼상 8:14-15).

이는 곧 인간인 왕이 백성들의 기업인 땅, 레위인의 기업인 십일조를 빼앗을 것이며, 이로 말미암아 이스라엘이 하나님의 것을 공평히 받아 누리던 쉼이 사라질 것임을 말씀한 것이다. 백성 위에 군림할 왕의 탐욕 때문에 백성들은 엄청난 고통을 겪게 될 것이라는 말씀이었다. 미국의 정치경제학자 헨리 조지는 "토지를 소유하는 것은 곧 인간을 소유하는 것"[4]이라고 말한 바 있다.

만일 인간인 왕이 땅을 빼앗아 이스라엘 백성들을 자신의 소유로 삼게 된다면, 그것은 더 이상 하나님의 나라가 아니라 일개 전제 왕국이다. 사람이 사람 위에 군림하는 질서가 세워진다면, 거기에 무슨 쉼이 존재하겠는가? 그 공동체가 평강을 누릴 수 있겠는가? 하나님은 이를 깨닫지 못하는 이스라엘의 어리석음을 한탄하신다. 사무엘은 이스라엘이 훗날 못 살겠다고 하나님께 부르짖어도 "그 날에 여호와는 너희에게 대답하지 않으실 것"(삼상 8:19)이라고 말한다. 이 얼마나 큰 비극인가?

하나님의 경고는 현실이 됐다. 인류 역사에서 '현자(賢者)의 상징'으로 일컬어지는 이스라엘 왕 솔로몬은 엄청난 사치와 각종 공사를 빌미로 백성들을 혹독하게 부려먹었다. 그로 인해 백성들이 얼마나 큰 고통을 겪었는지 잘 보여 주는 본문이 있다. 솔로몬이 죽자, 여로보암과 이스라엘 온 회중은 솔로몬의 아들 르호보암에게 나아와 이렇게 호소한다.

왕의 아버지가 우리 멍에를 무겁게 만들었습니다.
그러니 이제 왕은 왕의 아버지가 무겁게 만든 일과
우리에게 메어 놓은 무거운 멍에를 가볍게 해주소서.
그러면 우리가 왕을 섬기겠습니다(왕상 12:4).

르호보암은 백성들의 청을 거절했다. 결국 그것 때문에 통일 이스라엘 왕국은 북방 이스라엘과 남방 유다로 나뉘고 말았다. 이탈리아의 구약학자 알베르토 소진은 여기서 혹정(酷政)의 중단을 요구하는 사람들이 북쪽 이스라엘 사람들이라고 이야기한다. 그러면서 그는 솔로몬의 혹정 때문에 고통을 겪었던 사람들은 북쪽 이스라엘 사람들뿐이며 남쪽 유대 사람들은 혹정의 피해자가 아니었다고 추론한다.[5] 솔로몬은 남방 유다 지파 출신이었기 때문에 남방 사람들은 솔로몬을 지지했으며 솔로몬도 그들을 우대했을 것이라는 게 그 근거다. 독일의 구약학자 마르틴 노트 역시 다윗과 솔로몬이 다스렸던 통일 이스라엘이 사실은 "한 왕이 다스린 별개의 두 왕국"이었다고 말한다. 한 지붕 밑에서 두 살림이 이루어졌다는 것이다. 그는 솔로몬이 죽은 뒤에 통일 이스라엘이 둘로 갈라진 것은 이미 두 쪽 나 있던 나라가 아예 드러내놓고 딴 살림을 차린 것이라고 본다.[6]

그들의 말이 사실이라면 더 큰 문제가 된다. 명색이 통일 왕국의 왕이라는 사람이 백성들에게 무거운 짐을 지우는 것도 모자라 지역 차별까지 한 셈이기 때문이다. 이렇게 혹사당한 백성들도 쉼을 누리지 못했지만, 그토록 백성을 혹사한 왕 자신도 전혀 쉼을 누리지 못했다는 것은 아이러니다(4장에 소개했던 솔로몬의 고백을 생각해 보라).

통일 이스라엘이 둘로 쪼개진 뒤에는 더 가혹한 일이 벌어졌다. 열왕기상 21장은 한 사건을 증언하고 있다. 북방 이스라엘 왕 아합과 그의 부인인 악녀 이세벨은 나봇을 죽이고 그의 포도밭을 강탈한다. 그 포도밭은 나봇이 조상 대대로 물려받은 기업이었기에 누구에게도 팔 수 없는 것이었다(레 25:23). 그 때문에 나봇이 매매를 거부하자, 탐욕에 눈이 먼 두 악한들은 그를 죽이고 포도밭을 차지해 버린다. 이 일이 얼마나 하나님의 진노를 불러일으켰는지 성경은 잘 증언하고 있다(왕상 21:17-25).

남의 기업을 강탈하고 심지어 생명까지 빼앗는 악행을 저지른 것은 비단 악한 왕만이 아니었다. 이사야 선지자는 "더 이상 틈이 없을 때까지 집과 집을 잇닿게 하고 밭과 밭을 연결하여 그 땅을 오직 자신만이 거하는 땅으로 만드는 자들"(사 5:8)을 저주한다. 미가 선지자는 "타인의 밭들을 탐내어 강탈하고 집들을 욕심내 빼앗으며 그의 기업까지 빼앗는 자들"(미 2:2)을 저주하고 있다. 두 사람이 남방 유다에서 거의 같은 시대에 활약했다는 점을 생각하면, 북방이나 남방이나 가릴 것 없이 이스라엘 전체가 하나님이 모세 때에 세우셨던 '땅의 질서'를 철저히 무시했음을 알 수 있다. 이스라엘 공동체에 쉼이 있으려면, 하나님이 나누어 주신 각 지파, 각 가문, 각 개인의 기업이 존중되어야만 했다. "네 동포에게 속한 모든 것을 욕심내지 말라"는 계명이 철저히 무시당하는 한, 이스라엘에 쉼은 있을 수 없었다.

하나님이 이스라엘에게 당신 소유인 토지를 나누어 주신 것은 철부지 이스라엘이 땅 때문에 쉼을 잃어버리지 않게 하시기 위해 취하신 조치였다. 그러나 이스라엘의 평강은 잠시뿐이었다.

땅의 분배가 중요한 것이 아니라, 분배된 땅을 존중하려는 마음이 중요했다. 동포를 자기와 똑같이 여기는 마음, 동포의 것을 자기 것과 똑같이 존중하는 마음이 있어야 했다. 나아가 자신들이 받은 땅이 사실은 하나님의 소유임을 인정하는 마음이 있어야만 했다. 이스라엘은 하나님으로부터 무상으로 토지를 선사받았다. 동포의 토지를 강탈하는 것은 하나님의 것을 강탈하는 것과 마찬가지였다. 그것을 마음에 새기지 않는 한, 쉽은 불가능했다. 하나님을 두려워하며 동포를 사랑하는 마음이 없는 한, 쉽은 존재할 수 없다는 것을 우리는 다음에 살펴 볼 '안식년과 희년의 법'에서 더 분명히 깨닫게 될 것이다.

8

안식년과 희년

사람이 쉼을 잃었을 때, 땅도 저주를 받아 쉼을 잃었다. 사람에게 쉼이 회복되어야 한다면, 땅도 쉼을 회복해야만 했다. 사람과 땅 그리고 땅에 속한 다른 피조물이 함께 쉼을 회복하도록 하나님이 만드신 제도, 그것이 바로 '쉼의 해'요 '기쁨의 해'[1]다. 더욱이 '기쁨의 해'인 희년에는 모든 사람이 자유를 얻어 그 기업으로 돌아가고 모든 땅이 매임에서 풀려나 본디 속했던 기업으로 돌아가도록 규정되었다. 이는 이스라엘 공동체가 하나님이 그들에게 정해 주셨던 질서로부터 벗어나 있더라도 반드시 그 질서로 돌아가야만 한다는 것을 의미했다. 이스라엘 공동체의 구성원은 누구라도 사람에게 매이지 아니하며 오직 하나님께 매일 뿐이라는 자유의 질서, 이스라엘 공동체가 경작하는 땅은 하나님의 소유로 온 공동체가 함께 향유하는 것이라는 공유의 질서를 확인하는 때가 바로 '쉼의 해'와 '기쁨의 해'였던 것이다.

'쉼의 해', 곧 안식년의 제도는 어떠했는가? 여섯 해는 씨를 뿌려 소산을 거두지만, 일곱째 해는 땅을 갈지 말고 묵혀야 했다. 일곱째 해에 묵혀둔 땅에서 난 것은 그 땅을 경작하던 자와 그의 종, 품꾼, 그 땅에 사는 외인들 그리고 가축과 들짐승이 함께 먹을 양식으로 규정되었다(레 25:1-7). 이것은 포도밭과 올리브밭에도 그대로 적용되었다(출 23:11). 특히 하나님은 안식년의 소산이 가난한 이들과 들짐승들을 위한 것임을 말씀하신다(출 23:11).

이것은 쉼의 해가 모든 피조물이 골고루 쉼을 누리도록 만들어진 제도임을 말해 준다. 레위기 25장은 안식년의 제도를 규정하면서, 두 번이나 "땅의 쉼이 여호와께 쉼이 될 것"이라고 말씀한다. 결국 모든 피조물이 쉼을 얻을 때에 하나님도 쉼을 누리겠다고 말씀하시는 것이리라. 하나님은 사람과 땅과 모든 짐승과 당신이 온전히 쉼을 누리기를 바라셨다. 그 때문에 하나님은 '만나와 안식일'의 경우처럼 여섯째 해에 삼년 동안 먹을 양식을 주겠노라고 말씀하셨다(레 25:20-22). 일곱째 해에 밭을 갈지 않으면 굶는 것이 아닌가 하는 두려움과 불안이 존재한다면, 이 쉼의 제도는 지켜질 가능성이 희박했기 때문이다.

"쉼은 모든 자의 것이어야 한다"는 하나님의 생각을 엿볼 수 있는 안식년의 제도가 또 하나 있다. '쉼의 해'에는 동포의 빚을 모두 면제해 주도록 명령하신 것이다(신 15:1-3). 하나님은 이스라엘이 이 명령을 그대로 지키면 이스라엘 가운데 가난한 자가 없을 것이라고 말씀하셨다(신 15:4-5). 가난과 굶주림의 고통이 모든 이에게서 떠나갈 것임을 말씀하신 것이다.

하지만 하나님은 "땅에 가난한 자가 늘 그치지 아니할 것"이라고 말씀하셨다(신 15:11). 어쩌면 그것은 이스라엘이 당신이 주신 '쉼의 법'을 따르지 못할 것을 미리 말씀하신 것인지도 모른다. 그분은 사람의 본성을 꿰뚫어보시기 때문이다. 이것은 모든 이가 가난의 고통에서 해방되는 쉼의 완성을 향해 당신이 나아갈 길이 아직 많이 남아 있음을 스스로 밝히신 것은 아닐까?

'기쁨의 해'는 말 그대로 기쁨의 해로 불릴 만했다. 하나님은 그 해가 되면 이스라엘에 사는 모든 사람들에게 '해방'을 공포하라고 말씀하셨다(레 25:10). 사람의 탐욕이 기승을 부리다 보면, 자칫 빚 때문에 채무자의 기업인 토지는 채권자의 소유가 되고 채무자는 채권자의 종이 될 수 있었다. 탐욕으로 인해 세상은 사람이 사람을 지배하는 무질서의 세계로 변질될 것을 하나님은 잘 아셨다. 그러면 결국 정의와 평등이 사라지고 공동체 전체의 쉼은 사라지게 될 것이다. 더욱이 사람이 사람을 지배하는 것은 하나님의 창조 질서에도 어긋나는 것이었다. 그 때문에 하나님은 이스라엘에게 다음 두 가지 원칙을 분명하게 선포하셨다.

첫째, 이스라엘 자손은 모두 나 여호와 하나님의 종이다(레 25:38, 55).

너희는 모두 평등한 형제이며 나만이 오직 너희 하나님이다.

둘째, 토지는 모두 나 여호와 하나님의 소유다(레 25:23).

너희는 모두 이 땅에 잠시 머무는 사람들이며,

너희가 경작하는 땅은 내가 너희에게 골고루 빌려준 것일 뿐이다.

하나님은 이 원칙을 좇아 토지 매매를 영구히 금지하시고, 희년에는 모든 토지가 본디 속해 있던 기업으로 회복되어야 한다고 선언하셨다. 아울러 가난한 형제에게 돈을 꾸어 주더라도 이자를 받지 말 것이며, 그가 빚을 갚지 못해 몸이 팔린다 해도 종으로 대우하지 말 것을 명령하셨다. 그러나 이 형제도 희년이 되면 자유의 몸이 되어 자기 조상의 기업으로 돌아가도록 규정하셨다. 진정 '기쁨의 해'는 얽매여 있던 사람과 땅에 해방을 안기는 제도였다.

하나님은 이 '쉼의 법'이 "동포를 자신을 사랑하듯 사랑함으로"(레 19:18) 현실로 이루어지기를 바라셨다. 그러나 이스라엘은 하나님의 뜻을 따르지 못했다. 수많은 선지자들이 이스라엘의 불의를 통박했다. 하나님은 "이자를 받고 이익을 탐하여 이웃을 속이고 빼앗은 이스라엘"을 책망하시면서 "나를 잊어버렸다"고 탄식하셨다(겔 22:12). "가장 선한 자가 가시 같고 가장 정직한 자가 찔레 울타리보다 더하게 되었다"(미 7:4). 여기에 무슨 동포 사랑이 있겠으며, 무슨 쉼이 있겠는가? 이스라엘은 쉼을 누리지 못했다. 첫 인류가 하나님을 배반함으로 하나님의 낙원에서 쫓겨났듯이, 그들도 하나님의 법을 지키지 않음으로 하나님의 땅 가나안에서 쫓겨났다.

어찌 보면, 법이라는 방법으로 인간들에게 쉼을 주시려는 하나님의 시도는 허무한 종말을 맞이한 듯하다. 문득 그런 질문을 던지지 않을 수 없다. 하나님은 실패하셨는가? 하나님은 마귀의 꾐에 빠져 쉼이 없는 그 세계에 몸을 담가 버린 당신의 피조물을 영영 구하실 수 없는 것인가?

아니다. 이스라엘은 실패했으나, 쉼의 법은 실패하지 않았다. 오히려 하나님이 제시하신 쉼의 법은 완성의 때를 기다리며 살아 숨쉬고 있다. 법은 법전에 기록되는 순간이 아니라, 완전히 지켜질 때 비로소 완성된다. "오직 하나님만을 믿고 그분께 순종하며 동포(인류)를 자기 몸과 같이 여겨 사랑하는 인류가 등장하면, 그 법은 완성될 것이다." 사실 하나님은 이스라엘이 가나안에 들어가는 그 순간부터 이미 당신의 법이 먼 훗날 완성될 것임을 말씀하셨다.

또 여호와 네 하나님은
네가 네 마음과 네 영[2]을 다하여 여호와 네 하나님을 사랑함으로
네가 생명이 되도록

네 마음과 네 씨(자손)의 마음을 베시리라(신 30:6).

    하나님은 당신을 떠나 마귀의 손을 잡은 인류의 마음을 칼로 베실 것이라고 말씀하셨다. 그것은 인류의 심장을 베어 죄로 오염된 묵은 피를 쏟아버리고, 그 심장에 새 마음, 새 영을 불어넣어 새 생명이 되게 하시는 하나님의 새 창조 작업을 가리킨다. 새로 창조된 인류는 하나님의 영을 지닌 하나님의 자녀다. 바로 그가 아버지의 법, 아버지가 제시한 가치와 구조를 따르게 되며, 아버지가 이미 제시하셨던 쉼의 법을 완성케 될 것이다.

    첫 인류 아담과 하와는 마귀의 음성을 따름으로 땅에 대한 통치권을 마귀에게 넘겨주고 말았다. 그러나 새 인류는 잃어버렸던 그 통치권을 되찾아오게 된다. 하지만 그 통치권을 되찾아오는 과정은 투쟁의 연속이 될 것이다. 그 투쟁의 출발점에 인간으로 오신 하나님 예수 그리스도가 서 계신다.

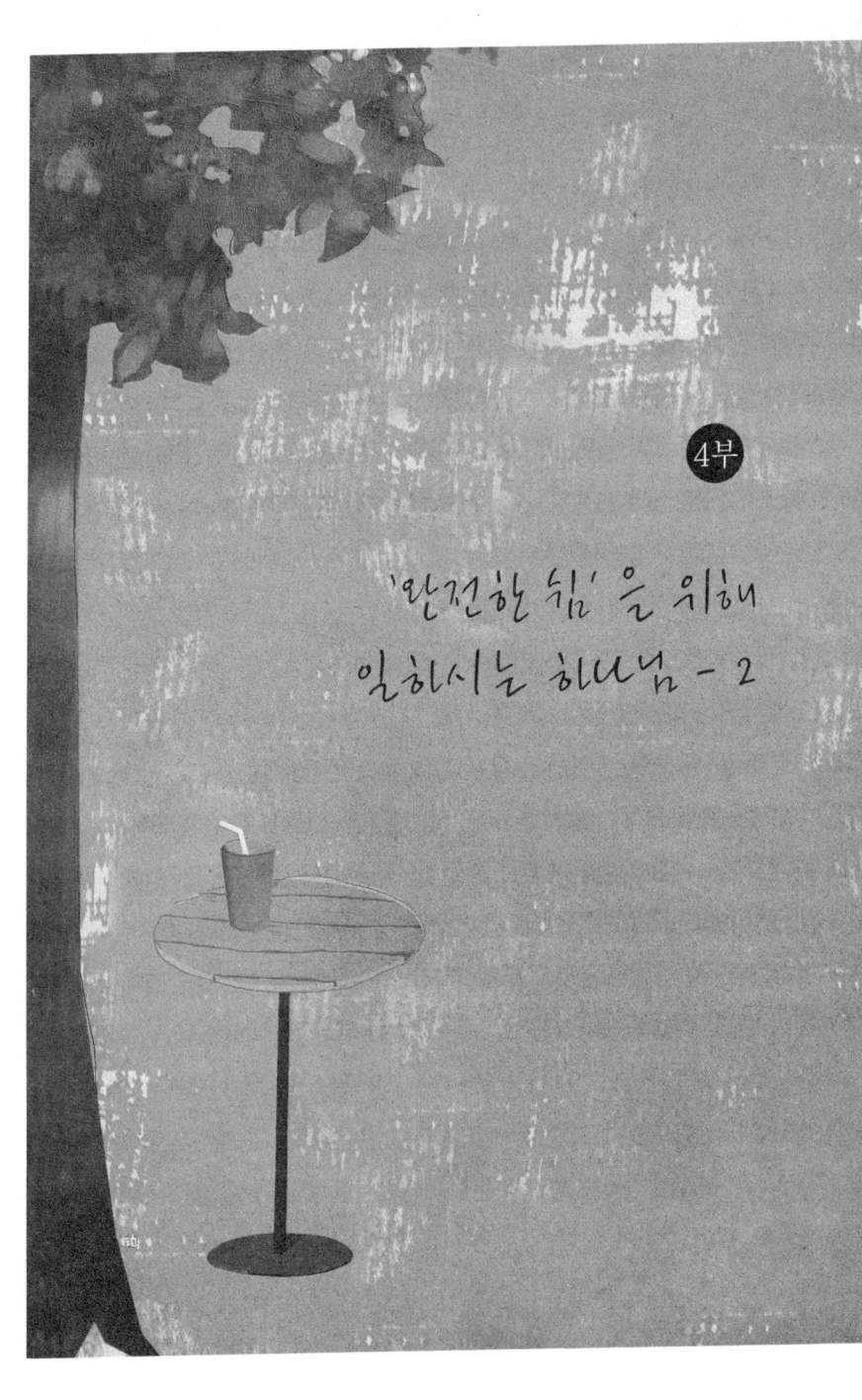

4부

'완전한 쉼'을 위해 일하시는 하나님 - 2

4부 첫 인류 아담과 하와는 하나님을 배반하고 마귀를 따름으로 쉼을 잃었다. 본디 그들과 그들의 자손은 하나님을 섬기도록 창조되었는데, 하나님은 졸지에 마귀에게 당신의 소유를 빼앗기신 셈이 되었다. 인류가 하나님을 떠나 쉼을 잃어버린 그때에, 하나님은 마귀에게 이런 선전포고를 하셨다.

> 나는 너(마귀)와 그 여인, 네 씨(자손)와 그 여인의 씨(자손)가
> (서로) 적(敵)이 되게 할 것이다.
> 그(그 여인의 씨)는 네 머리를 으스러뜨릴 것이며1,
> 너는 그의 발꿈치를 물 것이다(창 3:15).

하나님은 그 여인의 씨가 그의 적인 마귀의 머리를 "으스러뜨릴 것"이라고 말씀하신다. 우리는 이 말씀 속에서 하나님의 분노와 적대감이 얼마나 강렬한지 느낄 수 있다. 마귀는 하나님조차 쉼을 포기하시도록 만들었기 때문이다. 여기서 '그 여인의 씨'는 누구를 가리키는 것인가? '그 여인의 씨'라는 표현으로 보건대, 그는 사람임이 분명하다. 그러나 그는 여느 사람과 같지 않다. 이 '여인의 씨'는 마귀와 대적해 그와 싸우며 그의 머리를 으스러뜨리고 있기 때문이다. 만일 이 '여인의 씨'가 아담과 하와의 후예라면 마귀에게 그리할 수가 없다. 아담과 하와는 스스로 하

나님을 배반하고 마귀의 길을 따라갔기 때문이다. 이미 자기 의지로 마귀가 내민 손을 잡고 땅의 법과 가치에 굴복해 버린 자가 마귀에게 보복한다는 것은 있을 수 없는 일이다.

그렇다면 '그 여인의 씨'는 대체 누구인가? 그는 다름 아닌 하나님 자신이다. 인간과 온 우주가 쉼을 잃은 뒤에는 하나님만이 마귀의 적으로 남아 있기 때문이다. 세상의 피조물 가운데에는 더 이상 마귀에게 맞설 존재가 없다. 그런 상황에서 마귀의 머리를 짓밟아 으스러뜨릴 이는 하나님밖에 없다. 하나님이 말씀한 '그 여인의 씨'는 하나님 자신이셨다.

인간이 하나님을 배반하면서, 땅에는 마귀가 세워 놓은 가치와 구조가 지배하기 시작했다. 영원한 것이 아니라 잠시 있다 사라질 권력과 명예와 재물이 최고의 가치가 되었다. 모든 인간이 서로 사랑하고 인간과 온 우주가 화목하며 모든 피조물이 하나님께 순종하는 하늘의 질서가 사라졌다. 그 대신 사람이 사람 위에 군림하며 사람 위에 마귀가 군림하는 구조가 당연한 것이 되고 말았다. 죄의 사슬이 인간과 온 우주를 묶어버렸다. 그 속에서 인간과 온 우주는 쉼을 잃었다. 대립과 저주, 원망과 미움, 시기와 질투, 궤계와 사술, 탐욕과 집착, 질병과 굶주림, 허무와 죽음이라는 짐 더미가 인간을 짓누르게 되었다. 인간 스스로 하나님을 저버린 결과였다.

그러나 하나님은 마귀는 미워하면서도 그의 꾐에 넘어간 인간은 미워하지 않으셨다. 하나님은 먼저 마귀의 수중에 있는 인간들 가운데 한 민족 이스라엘을 선택하시고 그들에게 '쉼의 법'을 허락하셨다. '쉼의 법'은 온 인류와 우주를 완전한 쉼으로 인도하시는 하나님의 1단계 조치였다. 그 법은 마귀가 설정한 이 땅의 가치 및 구조와 정반대의 가치 및 구조를 담고 있었다. 사람의 불안과 염려, 동포를 생각하지 않는 이기주의, 하나님을 믿지 않는 심정을 멀리 하고 온 동포가 어울려 양식과 땅을 공유하는 절제와 평강과 사랑의 법이었다.

하지만 이스라엘은 그 법을 따르지 못했다. 다른 민족뿐만 아니라 이스라엘 역시 땅에 묶여 있던 옛 사람이었기 때문이다. 옛 사람만이 땅을 채우고 있는 한, 마귀는 하나님이 제시하신 '쉼의 법'의 존재를 비웃을 게 분명했다. 때문에 이 땅에서 '쉼의 법'이 완성되려면, 두 가지 선결조건이 필요했다.

첫째, 온 우주의 쉼을 앗아간 근본 원인인 마귀의 힘을 빼앗아야 했다. 그 일은 하나님만이 하실 수 있었다. 인간은 마귀에게 굴복했기 때문이다. 하나님이 직접 나서실 수밖에 없었다.

둘째, '쉼의 법'을 따를 사람이 필요했다. 따르는 이가 없는 법은 유명무실하기 때문이다. 마귀가 제시한 가치와 구조를 거부하고 하나님이 제시하신 법을 따르려는 사람이 필요했다. 하지만 아담과 하와의 후예인 옛 사람은 그 일을 할 수 없었다. 하나님이 마귀에게 분노하시는 것처럼, 하나님과 똑같은 심정으로 마귀를 대하며 마귀에 맞설 수 있는 새 사람이 필요했다. 마귀와 투쟁하며 이 땅의 통치권을 되찾을 새 사람이 필요했다. 그러려면 하나님의 영을 가진 새 인류가 창조되어야만 했다. 이제 하나님은 이 두 가지 선결조건을 성취함으로 쉼의 완성을 향해 한 걸음 더 나아가는 2단계 조치를 취하셨다.

예수 그리스도가 이 땅에 오신 것은 그 때문이었다. 그분은 '하나님의 아들'이요 '사람의 아들'이셨다. 그분은 하나님이 낳으신 아들이셨다(시 2:7, 마 3:17). 아버지 하나님과 동일한 아들 하나님으로서 직접 만물을 지으셨고(요 1:1-3), 당신이 지으신 인간과 우주가 마귀의 궤계 때문에 당신을 저버리고 결국 쉼을 잃는 모습을 지켜보셨다. 때문에 그분은 하나님의 심정으로 마귀에게 분노하셨고, 하나님의 심정으로 쉼을 잃은 인류와 온 우주를 불쌍히 여기셨다.

동시에 그분은 사람의 아들이셨다. 그러나 그는 옛 사람이 아니라 새 사람이셨다. 여인의 몸에서 태어났으나, 성령으로 잉태되어 마귀에 굴복한 아담과 하와의 죄를 이어받지 않으셨기 때문이다. 그분은 이제 마귀에게 당당히 맞설 수 있는 첫 번째 새 사람이 되셨다. 비로소 사람의 아들과 마귀 사이에 투쟁이 벌어지게 되었다. 마귀는 자신의 간계로 빼앗은 이 땅과 그 땅에 속한 사람들을 놓치지 않으려고 온갖 수단을 동원해 저항했다.

우선, 그는 예수에게 옛 사람들을 옭아맸던 땅의 가치와 구조를 따르라고 유혹했다. 그가 첫 사람 하와와 아담을 무너뜨릴 때

썼던 방법을 그대로 써먹은 것이다. 하지만 새 사람인 예수는 마귀에게 넘어가지 않으셨다. 그는 도리어 하나님의 법인 말씀으로 마귀의 시험을 물리치셨다(마 4:1-11). 그런 다음, 세상으로 나아가 쉼을 잃어버린 채 신음하는 인생들에게 쉼을 돌려주기 시작하셨다.

그분은 겸손히 여호와 하나님을 섬기는 사람은 하늘나라의 쉼을 누리게 될 것임을 가르치셨다. 나아가 죄의 짐에 눌린 이들에게서 그 짐을 내려주셨다. 마음이 상한 자를 고치시고 포로가 된 자에게 자유를, 갇힌 자에게 해방을 선포하신 것이다. 마귀의 영역은 축소되고 하나님 나라의 지경이 점점 더 넓어졌다. 마침내 마귀는 죽음이라는 비장의 무기를 내민다. 쉼을 잃은 인류를 가장 절망하게 만든 고통이 바로 죽음이다. 그러나 예수는 이 죽음마저 물리치셨다. 그분은 옛 인류를 옭아매었던 죄의 사슬을 십자가로 끊어버리셨다. 이윽고 돌아가신 지 사흘 만에 완전한 영육(靈肉)의 통일체로 다시 살아나심으로 마귀의 마지막 무기마저 점령하셨다.

이로써 하나님은 인간과 온 우주를 완전한 쉼으로 한 걸음 더 인도하시게 되었다. 우리는 이 장에서 예수 그리스도가 마귀와 투쟁하며 승리로 나아가시는 과정을 살펴보게 될 것이다. 그것은 곧 하나님 나라의 건설과 확장의 과정이며 완전한 쉼으로 나아가는 과정이다.

9

예수 그리스도의 승리

 예수는 성령으로 잉태되셨고 동정녀의 몸에서 태어나셨다. 그러나 세상에는 그 비밀이 알려져 있지 않았다. 그분은 하나님의 아들이자 사람의 아들이었지만, 세상 사람들에겐 그저 요셉과 마리아의 아들일 뿐이었다. 세상 앞에 예수가 하나님의 아들이심이 드러난 것은 그가 세례 요한에게 세례를 받으신 때였다. 그때 하나님은 예수를 당신의 아들로 선언하셨다.

 예수가 하나님의 아들임을 만인 앞에 선언하신 것은 무슨 뜻일까? 그것은 온 땅의 통치권을 예수 그리스도에게 주시겠다는 뜻이었다. 하나님은 이미 당신이 낳은 당신의 아들에게 "땅 끝까지 네 소유로 주실 것"을 선언하신 적이 있었다(시 2:8). 그 말씀은 반대로 이 땅을 지배하고 있던 마귀의 세력을 그 아들을 통해 몰아내시겠다는 선언이었다.

하나님의 아들 예수 그리스도는 아버지의 뜻을 받들어 마귀와 투쟁을 시작하셨다. 첫 번째 투쟁은 자기가 정한 가치와 구조를 들이대며 시험하는 마귀와 맞서신 사건이었다(마 4:1-11).

로마의 두 번째 황제인 티베리우스(재위 주후 14-37년)가 북쪽의 갈리아(지금의 프랑스)로부터 남쪽의 이집트까지 온 지중해 세계를 다스리던 시절, 한 젊은이가 광야로 나갔다. 얼마 전에 하나님이 요단강에서 당신의 아들로 선포하신 바로 그 젊은이였다. 그는 왜 광야로 갔을까? 자신이 이 땅에서 할 일을 시작할 때가 되었기 때문이다. 이 땅을 마귀의 손아귀에서 건져낼 때가 된 것이다. 쉼을 잃어버린 채 고통에 허덕이는 세상을 구원할 때가 온 것이다. 젊은이는 그 일을 시작하고자 성령의 인도를 따라 마귀와 첫 투쟁을 벌이러 광야로 들어갔다. 그는 먼저 40일 동안 곡기(穀氣)를 끊어야만 했다. 한낮의 열기와 한밤의 한기(寒氣)가 교차하는 광야에서 40일 동안 음식을 끊는다는 건 죽음 앞까지 걸어간 것이나 마찬가지였으리라. 그는 하나님의 아들이었지만, 동시에 피와 살과 뼈를 지닌 사람이었다. 그에게도 분명 굶주림과 절망과 죽음의 공포가 엄습했을 것이다. 배가 고파 잠을 이룰 수 없는 밤이면, 저 나사렛의 고향집에서 먹었던 달콤한 무화과와 구수한 보리떡, 갈릴리 호수의 생선이 허깨비처럼 나타나 어른거렸을지 모른다.

고통이 절정에 이르렀을 때, 시험하는 자가 나타났다. 그는 말 그대로 자기 앞에 선 젊은이가 과연 하나님의 아들인지 검증하려고 나타난 것이다. 하나님이 요단강에서 이 젊은이를 하나님의 아들로 선포하시는 음성을 그도 들었을 것이다. 그는 옛적에 욥을 두고 하나님께 도전장을 내밀었던 자다(욥 1:9-11, 2:4-5). 어쩌면 이번에도 광야에 오기 전에 하나님의 보좌 앞에 나아가 감히 하나님께 도전장을 내밀었을지도 모른다.

"하나님의 아들을 내세워 제 종인 인간들을 다시 데려가시겠다고요? 그것이 하나님 뜻대로 될까요? 아무리 성실하고 강철 같은 믿음이 있다 해도 굶주려 죽을 지경이 되면 떡 앞에 넘어가고 말 겁니다. 하나님의 아들이라도 땅의 영광을 초탈(超脫)할 수 있을까요? 제가 저 로마의 위대한 경기장과 황제의 궁전을 그에게 준다고 할 때, 그가 과연 넘어가지 않을 수 있을까요? 저 알렉산드리아의 엄청난 도서관을 그에게 보여주었을 때, 불타는 지식욕과 명예욕을 이겨낼 수 있을까요? 하나님의 아들이라고 사람들에게 선포하면서 세상의 왕들을 몰아내고 그 자리를 차지하라고 한다면, 그가 과연 그 유혹을 물리칠 수 있을까요? 아마 못 견딜 겁니다. 하와와 아담도 제게 넘어갔던 걸 기억하시죠? 이번에도 제가 이깁니다. 두고 보시죠." 마귀는 호언장담을 했을 것이다. 어쩌면 이 어이없는 마귀의 도전에 하나님은 이렇게 말씀하셨을지 모른다. "네가 가서 검증해 보거라. 그가 진정 내 아들인지 아닌지! 시험해 보거라. 그가 네 유혹에 넘어가는지!"

마귀는 사람인 하나님의 아들 예수가 그 때에 가장 버티기 힘들었을지 모를 유혹으로 첫 검증을 시작한다. "만일 말이지, 만일 (네가) 하나님의 아들이라면, 이 돌들로 떡이 되라고 말해 봐"(마 4:3). 마귀의 말투는 부드럽기 이를 데 없다. 그는 "만일"이라는 말을 두 번이나 사용하면서 조심스럽게 유혹을 던진다. 더욱이 그는 함정을 팠다. "만일 (네가) 하나님의 아들이라면"이라는 말이 그것이었다. 예수가 돌들로 떡이 되게 하면, 과연 마귀는 손뼉을 치며 "너는 정말 하나님의 아들이구나"라고 감탄했을까? 손뼉을 치긴 쳤을 것이다. 그러나 그 손뼉은 "이번에도 내가 하나님을 이겼다"는 의미였을 것이다.

예수는 힘들었을 것이다. 그는 분명 돌들을 떡으로 바꿀 힘이 있었다. 마음만 먹으면 그 힘을 사용해 텅 빈 채 오그라든 위(胃)를 채우고도 남았으리라. 그래도 홀로 있을 때는 버티기 쉬웠을 것이다. 하지만 이제는 굶주림을 면하고 싶은 유혹이 해일처럼 밀려왔을 것이다. 조심스런 접근과 달리, 마귀의 마음에는 "이 인간도 하와와 아담처럼 넘어가고 말 것"이라는 승리의 확신이 있었으리라. 그러나 예상은 빗나갔다. 40일을 굶주린 그 청년의 입에서는 놀랍게도 전혀 엉뚱한 대답이 튀어나왔다.

> 기록되었으되, 사람은 떡뿐만 아니라 하나님의 입을 통하여
> 나오는 모든 말씀으로 살 것이다(마 4:4).

그것은 옛적에 이스라엘이 하나님으로부터 받았던 토라의 한 구절(신 8:3)[2]이었다. 하나님은 당신의 말씀이 생명의 원천임을 알게 하시고자, 이스라엘로 하여금 굶주림을 겪게 하시고 당신의 말씀으로 하늘로부터 만나를 내려주셨다. 그러나 이스라엘은 만나만을 보았을 뿐이다. 참 양식이 만나 뒤에 자리 잡고 있음을 깨닫지 못했다. 그 때문에 만나를 모으면서도 여전히 내일의 양식을 걱정하며 남보다 더 많은 양식을 거두려고 발버둥쳤던 것이다. 굶주림이 가져다 준 불안과 공포, 이어지는 탐욕과 집착을 그들은 이겨내지 못했다. 남보다 더 많이 거두려 했고, 될 수 있는 한 남겨 두려 했으며, 완전히 쉬어야 할 그 날에도 만나를 거두려고 광야로 나갔다. 그들에게 쉼은 없었다.

하지만 예수는 떡에 매달리지 않으셨다. 그분은 참 양식이 무엇인지 알고 계셨기 때문이다. 마귀는 당황했을 게 분명하다. 굶주림의 고통 속에서 떡의 유혹을 물리친다는 것은 마귀가 이해할 수 없는 일이었기 때문이다. 마귀에게 복종하는 인간들은 하나님의 말씀이 아니라 떡이 최고라고 외치면서 늘 무엇을 먹을지 염려했다. 그러나 이제 그 앞에 서 있는 청년은 "하나님의 입에서 나오는 모든 것이 사람을 살게 하는 것"이라고 외치지 않는가? 마귀는 첫 패배를 기록했다.

마귀는 즉시 두 번째 유혹을 시작했다. 아마 처음 당한 패배 때문에 분노심을 주체하지 못했으리라. 그는 예수를 거룩한 도시 예루살렘으로 데려가 성전 꼭대기에 세웠다. 주전 19년에 폭군 헤롯이 짓기 시작한 예루살렘 성전은 아직 완공되지 못한 채였다. 마귀는 그 꼭대기에 세워 놓은 예수에게 땅으로 뛰어내리라고 요구한다. "만일 말이야, 만일 (네가) 하나님의 아들이라면, 네 자신을 아래로 던져 봐"(마 4:6). 이제 보니, 그는 예수라는 이 청년이 '하나님의 아들' 임을 여전히 인정하지 못하는 기세다. 그는 이번에도 "만일"이라는 말을 두 번이나 되풀이하면서, 예수를 유혹한다.

더욱이 마귀는 한 단계 더 교묘한 함정을 팠다. 예수가 하나님의 말씀에 순종한 사실을 기억하고, 하나님의 말씀(시 91:11-12)을 동원해 예수를 유혹한 것이다. "시편이 그렇게 기록하고 있더군. 하나님이 너를 위해 천사들에게 명령해 네 발이 돌에 닿기 전에 너를 붙들어 주실 것이라고. 자, 너는 하나님 말씀으로 산다고 했지. 하나님이 그렇게 이야기하셨으니, 믿어야 하지 않겠어? 한 번 떨어져보라고." 그의 유혹에는 사뭇 비아냥거림의 말투도 숨어 있었다.

정말 그것은 교묘한 유혹이었다. 마귀는 예수의 마음에 아버지를 의심하는 마음을 불러일으키려고 한 것이다. "내가 여기서 뛰어내린다면, 아버지는 나를 정말 받아 주실까? 내가 정말 하나님의 아들인지 시험해 볼까?" 예수의 마음에 이런 생각이 들었다면, 그는 정말 뛰어내렸을지 모른다. 그러나 그는 옛 사람 하와와 달랐다.

하와가 마귀에게 넘어간 데에는 아버지를 믿지 못하는 마음도 한 몫 했다. 하와는 분명 마귀의 유혹을 받고 이런 마음을 품었을 것이다. "내가 이 열매를 먹으면 정말 죽을까? 아니야. 저 뱀의 말처럼, 내가 하나님과 똑같이 될까봐 못 먹게 하신 걸 거야. 그러고 보니, 하나님은 참 치사하신 분이군." 마귀는 그에게 하나님을 향한 의심을 불러일으킴으로 하나님과 사람을 갈라 놓는 데 성공했었다. 그러나 이번에는 달랐다. 예수는 하나님이 아버지이심을 추호도 의심하지 않았다. 그분은 도리어 마귀에게 당당히 이렇게 대답하셨다.

기록되었으되, 주 네 하나님을 시험하지 말라(마 4:7).

그것은 곧 "네가 아무리 꾀를 부려도 아버지를 향한 내 믿음을 빼앗을 수는 없어"라는 대답이었다. 스위스의 성경신학자 아돌프 쉴라터는 예수에 대한 마귀의 두 번째 시험 장면을 흥미롭게 각색해 놓았다.

마귀 : 넌 모든 걸 할 수 있어.
예수 : 아니, 난 아무 것도 못해. 다만 하나님이 하라고 하신 것만
      을 할 수 있을 뿐이야.
마귀 : 뛰어내려 봐. 네게 아무 해도 없다니까.

예수 : 내가 하나님께 죄를 짓지 않으면, 아무 해도 없겠지.

마귀 : 넌 무조건 하나님을 신뢰해야 하는 것 아니니?

예수 : 물론이지. 그분을 무조건 신뢰해야 하기 때문에 무조건 그분께 순종하는 거야.[3]

인간에게 쉼이 사라진 것은 하나님을 믿지 않았기 때문이었다. 믿어야 할 분을 믿지 않으면, 불안과 염려만이 찾아올 뿐이다. 결국 자기 스스로 자기 삶을 지킬 방도를 찾기에 급급해지며, 자기를 남보다 강하게 만들려고 몸부림치게 된다. 보이지 않는 하나님을 믿지 못하니, 눈에 보이는 재물이나 권력이나 명예나 인맥이나 학식을 방패로 삼게 된다.

하지만 이것이 삶의 불안과 염려를 해결하며 쉼을 안겨 주는가? 그런 것은 모두 마귀가 내세우는 가치 질서 가운데 최고봉을 차지하는 것이지만, 인간에게 전혀 쉼을 주지 못한다. 하나님을 의심하지 않는 자만이 쉼을 누릴 수 있다. 이스라엘에게 '쉼의 법'이 주어졌지만, 그들이 쉼을 누리지 못한 것은 그들의 아버지 여호와 하나님을 믿지 않았기 때문이다. 그러나 '하나님의 아들 예수 그리스도'는 '자신의 아버지 하나님'을 믿으셨다. 그 때문에 그분은 요단강에서 자신을 하나님의 아들로 선언하신 하나님에게 부자관계를 확증할 보강 증거를 요구하시지 않은 것이다. 마귀는 두 번째 패배를 맞을 수밖에 없었다.

다급해진 마귀는 예수를 아주 높은 산으로 데려갔다. 그런 다음 그는 온 땅의 모든 나라와 그 영광을 보여주며 이렇게 말했다. "만일 네가 땅에 엎드려 내게 경배하면, 내가 이 모든 걸 네게 주지"(마 4:9). 마귀는 더 이상 예수를 유혹하는 말에 "만일 말이야, 만일 (네가) 하나님의 아들이라면"이라는 말을 붙이지 않았다. 더 이상 예수가 하나님의 아들임을 부인할 수 없게 되었기 때문이다. 두 번의 패배로 마귀는 더 이상 간교한 접근법이 예수에게 통하지 않는다는 사실을 확인했다. 이제는 하나님의 아들인 예수 앞에 자신이 굴복하든지 아니면 예수가 자신에게 굴복하는 일만 남았을 뿐이다.

마귀는 예수에게 자기가 온 땅을 다스리는 자라고 주장한다. 사실이다. 모든 인간은 마귀가 세워 놓은 가치 질서에 순종하고 있었기 때문이다. 바울 사도의 표현을 빌리자면, "자신의 배(腹)를 신으로 섬기며 오로지 땅의 것만을 생각하는 사람"(빌 3:19)만이 온 땅을 채우고 있었다. 서로 높은 자리에 앉으려는 욕심만이 우글거리며, 굶주리는 고아와 과부에게 도움의 손을 펴지 않는 냉혹함이 당연지사가 된 세상이었다. 그야말로 어둠만을 사랑하는 천지였다(요 3:19).

하지만 마귀의 말은 하나님의 아들에게 아버지 하나님을 버리고 아버지의 원수를 따르라는 말과 똑같은 말이었다. 예수는 마귀의 제안을 단호히 거부하셨다. 그분은 이번에도 아버지 하나님의 말씀으로 마귀를 물리치심으로 아버지만을 섬기겠다는 의지를 분명하게 피력하셨다. 예수의 말씀을 들어 보자.

> 물러가라, 사탄아. 진정 기록되었으되,
> 너는 네 주 하나님께 경배하며 오직 그분만을 섬길 것이라
> (마 4:10).

사실 이 말씀은 하나님이 당신의 아들로 택하셨던 이스라엘(출 4:22-23)에게 주셨던 말씀이다. 하나님은 이스라엘에게 이렇게 말씀하셨다.

> 너(이스라엘)는 여호와 네 하나님을 두려워하고 그분을 섬기며,
> 그분의 이름으로 맹세하라(신 6:13).[4]

이스라엘은 이 말씀을 따르지 못했지만, 예수는 이 말씀을 따를 것이라고 마귀에게 선언하신 것이다.

예수는 땅의 것이 가장 필요했던 순간에 땅의 것을 향한 집착과 욕망을 거부하고 하늘의 것을 택하셨다. 사실은 그것이 생명의 길이요 쉼의 길이었다. 우리가 이미 만났던 부자 청년은 예수와 정반대의 길을 걸어감으로 생명과 쉼을 잃어버리지 않았던가? 나아가 예수는 마귀에게 굴복하고 온 땅의 나라를 차지하는

대신, 스스로 하나님의 말씀에 순종하는 길을 택하셨다. 높아지는 길이 아니라 낮아지는 길로 나아가신 것이다.

사실 그 낮아지는 길은 하나님이신 예수가 이 땅에 인간으로 오실 때부터 이미 시작되었다. 그리고 그 길은 십자가의 길까지 이어졌다(빌 2:6-8). 옛 사람 하와와 아담은 높아지려고 하다가 쉼을 잃었지만, 새 사람 예수는 낮아짐으로 쉼을 얻으셨다. 땅의 것을 거부하고 하늘의 것을 택하는 것, 마귀가 제시하는 가치와 구조에 복종하는 것이 아니라 하나님의 신실하심을 신뢰하는 것, 높아지려 하지 않고 낮아지는 길로 나아가는 것, 그것이 바로 쉼으로 나아가는 길이다. 이스라엘이 '쉼의 법'을 따라가지 못한 것은 쉼으로 나아가는 길과 정반대 방향으로 나아갔기 때문이다. 이제 예수는 그 쉼의 길을 온 땅에 선포하러 그 광야로부터 세상으로 들어가신다. 그것은 하나님의 아들 예수와 마귀의 투쟁이 제2라운드에 들어섰음을 말하는 것이기도 했다. 마귀는 포기하지 않았다. 잠시 떠나 있을 뿐이었다(눅 4:13).

10

쉼의 길로 이끄시는 예수

내 주 여호와의 영이 내 위에 (있으니),

여호와께서 내게 기름을 부으셨기 때문이라.

그분이 나를 보내신 것은

겸손히 여호와께 복종하는 자들에게 기쁜 소식을 전하시고,

마음이 찢긴 자들의 상처를 싸매 주시며,

사로잡힌 자들에게 해방을 선포하시고,

사슬에 묶인 자들을 풀어 주려 하심이요(사 61:1-2)

여호와의 마음에 흡족한 해(年)와

우리 하나님이 보복하시는 날(이 왔음)을 선포하시며,

탄식하는 모든 이들을 위로하려 하심이라(눅 4:16-19).[1]

어느 '쉼의 날', 예수는 그가 자라셨던 나사렛의 한 회당에서 이 말씀을 읽으셨다. 그런 다음 거기 있는 사람들에게 이사야 선지자가 말한 "내"가 바로 예수 자신임을 선포하셨다. 그것은 곧 자신이 온 이스라엘 나아가 온 우주가 기다리던 메시야[2]임을 가리키는 것이었다. 사람들은 그에게 분노했다. "아니, 저 목수 요셉의 아들놈이 감히 이스라엘의 구원자를 참칭해? 저 꼴을 봐. 저게 구원자의 모습이란 말인가? 감히 우리를 우롱해?" 그들의 반응은 격렬했다.

그럴 수밖에 없었다. 그들이 기다리는 구원자는 이 세상 어느 왕보다 더 강대한 무력과 재력과 지식을 겸비한 제2의 다윗이었기 때문이다. 저 예루살렘 성전 옆에 버젓이 로마군의 진지인 안토니아 요새를 지어 놓고 여호와 하나님의 선민을 깔보는 이방인 로마의 손에서 자신들을 구해줄 제2의 모세였기 때문이다. 그러나 그것이 과연 하나님이 보내실 구원자였을까?

사실 하나님은 바벨론 다음에 메디아와 페르시아, 페르시아 다음에 알렉산드로스 대왕의 제국, 그 제국의 분열 이후에 이를 통일한 로마 제국 그리고 로마 제국에 뒤이어 영원한 한 나라가 이 땅에 들어설 것임을 미리 말씀하셨다(단 2장). 하지만 그 때에 하나님은 "손대지 아니한 돌"이 금속으로 지어진 것들을 부서뜨릴 것이라고 말씀하셨다(단 2:45). 그것은 세상이 알고 있는 상식과 정반대 모습이다. 돌이 어떻게 쇠를 이길 수 있단 말인가? 그러나 하나님은 세상이 알고 있는 것과 정반대 방법으로 온 땅을 차지하실 것임을 선포하셨다. 세상이 최고로 여기는 것은 하나도 갖지 못한 사람! 오히려 세상이 가장 비천하게 여기는 모습만을 지닌 사람! 그 사람이 이 땅을 차지하게 될 것임을 하나님은 저 바벨론에 갇힌 한 포로 다니엘에게 미리 알려 주신 것이다. 아람어로 예슈아라고 부르는 요셉의 아들 예수, 바로 그가 이 땅을 차지할 그 "손대지 아니한 돌"이었다.

하지만 이 땅의 사고방식으로 따지면, 강한 자를 이길 자는 더 강한 자라야만 한다. 돈이 많은 자를 누르려면 그보다 더 돈이 많아야 하고, 권력이 있는 자를 누르려면 그보다 더 큰 권력을 가져야만 한다. 그러나 그것은 마귀가 인간에게 심어 놓은 어둠의 지식이다. 그 어둠의 지식 때문에 사람들은 더 많은 돈, 더 강한 힘, 더 높은 명예를 탐낸다. 그 탐심을 채우지 못하면, 절망하고 분노하며 시기하고 저주한다. 그 탐심을 채워도 더 큰 공허에 시달리며, 채운 것을 잃어버릴까봐 전전긍긍한다. 그것이 쉼이 없는 인간의 현실이요 어둠이 지배하는 세계다. 그게 바로 광야에서 나가신 예수가 대면한 세상의 모습이었다.

어둠만을 알고 있는 그 세계에서 사람들은 마음이 찢긴 채 피를 흘리고 있었다. 공허에 빠진 자들은 탐욕과 집착의 포로가 되어 있었고, 권력과 재물과 명예의 사슬에 갇힌 자들은 고통 가운데에서도 그것만을 붙들고 있었다. 모든 이가 무거운 짐 더미에 눌린 채, 슬픈 탄식만을 내뱉고 있었다. 아버지 하나님의 마음을 슬프게 할 뿐인 세상이었다.

하지만 빛의 세계는 다르다. 그 세계에서는 오히려 섬기는 자가 섬김을 받는 자 위에 있으며, 세상에 대해 미련한 자가 참 지혜 있는 자이다. 거기에서는 오히려 아무 것도 가지지 않은 자가 가장 큰 부자다. 만물의 소유주인 하나님이 그 빈 곳을 다 채워 버리시기 때문이다. 그 세계는 아무런 집착이나 탐욕도 존재하지 않으며 오직 아버지를 신뢰하는 쉼만이 있을 뿐이다.

예수가 바로 이 빛의 세계이셨다. 그분은 어둠의 세계로 들어 오셨다. 당신의 아버지에게 슬픔을 가져다 준 마귀에게 보복하시며, 마귀의 사슬에 매인 자들을 풀어 주려고 이 땅에 오신 것이다. 예수는, 마치 희년을 알리는 해방의 나팔을 불듯, 30년을 길러 준 고향 나사렛에서 바로 그 사실을 선포하고 계신 것이다. 예수는 이제 세상에 자신을 드러내셨다. 본디 당신의 것이었으나 지금은 마귀의 것이 되어 버린 이 땅과 이 백성들을 되찾아 그들을 쉼의 길로 인도하시기 위해서다. 마귀와 벌일 두 번째 투쟁이 눈앞에 기다리고 있었다.

예수는 먼저 이 땅의 인생들에게 쉼으로 나아가는 길을 가르치셨다. 그분은 "아버지 하나님을 겸손히 섬기는 자들에게 기쁜 소식을 전하는 것"이 당신의 임무라고 말씀하셨다(사 61:1-2, 눅 4:16-19). 쉼으로 나아가는 길은 이 말씀 속에서 발견할 수 있다. 여기서 기쁜 소식은 무엇인가? 겸손히 아버지를 섬기는 자들이 하늘나라를 얻게 되며 그 나라의 쉼을 누리게 된다는 것이다. 이는 "하늘나라의 쉼을 얻으려면 겸손히 아버지를 섬겨야만 한다"는 말씀과 같은 것이다.

"겸손히 아버지를 섬긴다는 것"은 무슨 뜻인가? 땅의 것, 땅의 질서를 따르던 길에서 몸과 마음을 돌이켜 하늘의 것, 하늘의 질서를 따른다는 것을 말한다. 하나님을 떠나 마귀가 인도하는 길로 나아간 것을 뉘우치고 하나님께 돌아오는 것을 말한다. 예수가 세상을 향해 처음으로 선포하신 말씀이 "너희는 회개하라"(마 4:17)였던 것은 결코 우연이 아니다. 이는 곧 "옛 길을 따르던 몸과 마음을 돌이켜 새 길로 나아가라"는 말씀이기 때문이다. 그것은 곧 인생들의 행로(行路)가 하늘나라와 정반대 방향임을 일러 주시는 것이었다.

첫 인류 아담과 하와가 하나님을 떠난 이래, 인류는 줄곧 하늘나라와 정반대 방향으로 걸어갔다. 이제는 너무나 멀리 떨어져 있어서, 하늘나라가 낯선 타향 같고 본디 타향인 이 땅이 고향처럼 느껴지는 처지가 되었다. 하늘나라의 모습은 잘 기억나지 않고 도리어 땅의 것만이 익숙한 것이 되고 말았다. 예수는 이런 상태가 정상이 아님을 가르쳐 주셨다. 하늘나라인 예수가 여기에 이미 와 계셨다. 진정 하늘나라를 맞이하려면, 저 멀리 반대 방향으로 걸어가던 발걸음을 돌려 예수 쪽으로 걸어와야만 했나. 그럴 때에 비로소 하늘의 것, 하늘의 쉼을 체험할 수 있기 때문이다.

그렇다면, 겸손히 아버지를 섬기는 사람, 곧 땅의 것, 땅의 질서를 따르던 길에서 몸과 마음을 돌이켜 하늘의 것, 하늘의 질서를 따르는 사람만이 쉼을 누리게 된다는 말은 무슨 뜻일까? 좀 더 자세히 알아 보도록 하자. 예수는 어느 날 산 위로 올라가 무리들에게 이런 말씀을 선포하셨다.

> 너희는 하나님과 마몬(재물)[3]을 함께 섬길 수 없느니라.
> 이러므로 내가 너희에게 말하노니,
> 너희는 너희 목숨 때문에 무엇을 먹을지 또는 무엇을 마실지
> (온당치도 않은) 걱정을 하지 말며,
> 너희 몸에 무엇을 입을지 (온당치도 않은) 걱정을 하지 말라.
> …
> 진정 이 모든 것들은 이방인들이 갈망하는 것이니라.
> 진실로 하늘에 계신 너희 아버지는
> 너희가 이 모든 것들을 필요로 한다는 것을 알고 계시느니라.
> 그러므로 너희는 먼저 하나님의 나라와 그분의 의를 갈망하라.
> 그러면 이 모든 것들이 너희에게 주어지리라(마 6:24-25, 32-33).

예수는 먼저 우리가 알지 못했던 놀라운 진실을 가르쳐 주셨다. "하늘에 계신 하나님"이 "우리 아버지"라는 것이다. 우리 조상 아담과 하와는 하나님을 배반하고 그분의 원수를 따라갔다.

그런 조상의 후예인 우리가 어찌 하나님의 자녀란 말인가? 오히려 그분의 원수가 아닌가? 우리는 이 세상에서 쉼 없는 삶을 살아왔다. 하지만, 저 솔로몬의 고백처럼, 그렇게 애쓰고 힘들여 일할지라도 우리에게 남은 건 아무 것도 없었다. 우리를 지배하는 건 늘 내일을 향한 염려와 불안, 절망과 고통, 공허와 집착, 탐욕과 다툼이었다. 우리가 살아온 삶은 스스로 앞길을 헤쳐갈 수밖에 없는 '고아의 삶'이었다.

그런데 우리에게 아버지가 계셨다는 말인가? 자녀를 낳고 기르는, 자녀를 먹이고 입히는 그 아버지, 자녀를 올바른 길로 인도하며 위험에 빠지지 않도록 지키는 그 아버지란 존재가 우리 인간에게 계셨단 말인가? 그런 아버지가 우리에게 계신 줄 알았다면, 우리는 굳이 우리 스스로 먹을 것, 입을 것을 마련하느라 발버둥칠 필요가 없었을 것이다. 아버지가 우리를 먹이고 입히실 텐데, 무슨 걱정이 필요하겠는가? 그런 아버지를 신뢰한다면, 굳이 미래를 염려하며 불안에 떨 이유가 뭐란 말인가? 말씀 하나로 천지를 지으신 그분이 우리 아버지이신 것을 알았더라면, 우리가 '완전히 쉬는 날'을 포기하고 만나를 거두러 광야로 나갈 필요가 어디에 있었겠는가? 그 아버지가 모든 걸 책임지신다는 걸 알았더라면, 마몬 밖에 믿을 게 없다는 미련한 생각을 애당초 갖지 않았을 게 아닌가? 그랬다면, 내 것을 더 채우려고 동포의 것을 탐내며 동포의 기업을 강탈하는 일도 없었을 텐데.

우리는 자신이 하나님의 자녀란 사실을 모르고 있었다. 이제 우리는 알게 되었다. 하나님 아버지를 배반했던 우리가 여전히 그 아버지가 사랑하시는 자녀란 것을. 하나님이 우리 아버지시라면, 우리가 우리의 먹을 것과 마실 것과 입을 것을 염려하는 것은 정말 어이없는 짓이다. 하나님이 우리 아버지시라면, 마몬을 섬길 필요가 없다. 그것은 아버지를 믿지 못하고 돈을 믿는다는 말과 똑같은 말이기 때문이다. 예수의 가르침대로, 하나님을 믿든지 아니면 마몬을 믿든지, 둘 중 하나만 있을 뿐이다.

마몬을 섬기는 이는 외톨이다. 이제까지 인간의 삶이 그랬던 것처럼, 홀로 만고풍상(萬古風霜)을 헤쳐 나가야만 한다. 자신에게 다가오신 아버지마저 거부했기 때문이다. 마몬은 쉼이 없는 우리 인생에서 우리가 지고 있는 무거운 짐을 내려 주지 못한다. 마몬에게는 생명이 없기 때문이다. 그에게는 자녀의 짐을 내려 줄 팔도 없으며 고통당하는 자녀를 불쌍히 여기는 마음도 없다. 그것은 쉼을 주지 못한다. 하지만 하늘의 아버지는 다르다.

그분은 당신을 버린 자녀를 마음에 품고 지금까지 기다리셨다. 당신의 자녀를 쉼이 없는 고통 속으로 이끌어 간 마귀에게 보복하실 날을 지금까지 기다리셨다. 자녀들의 쉼을 앗아간 저 무거운 짐 더미들을 당신이 떠맡으실 날을 손꼽아 기다리셨다. 저 하늘의 집에서 기다리시다 못해 여기 이 땅에 있는 자녀 곁으로 달려와 자녀가 당신을 알아보고 당신을 불러 주기를 간절히 기다리고 계셨다. 그러기에 예수는 우리에게 먼저 "아버지의 나라와 아버지의 의를 갈망하라"고 말씀하신 것이다.

아버지의 나라가 이 땅에 임한다는 것은 아버지가 오심을 말하는 것이다. 아버지의 의가 이 땅에 임한다는 것은 우리로부터 쉼을 앗아간 마귀의 질서가 무너짐을 말한다. 아버지를 떠났던 철부지 아들이 용서를 받고 다시 아버지께 돌아갈 수 있는 은혜의 질서가 세워짐을 말하는 것이다. 아버지가 오시고 아버지의 은혜가 이 땅에 임할 때, 자녀들은 비로소 아버지의 품안에서 쉼을 누리게 된다. 그런 점에서 "아버지의 나라와 아버지의 의를 갈망하라"는 말씀은 "아버지가 주실 쉼을 갈망하라"는 말씀과 같은 것이다.

그러고 보면, "하늘에 계신 우리 아버지, 당신의 나라가 임하시며"(마 6:9-10)라는 기도가 얼마나 위대한 것인지 우리는 새삼 깨닫게 된다. 나 홀로 기도할 때에도, 나는 하늘의 아버지를 나 혼자만의 아버지가 아닌 '우리' 아버지라고 부른다. 그것은 곧 모든 인류가 나와 너로 구별된 존재가 아니라 '한 몸인 형제' 임을 아버지 앞에 고백하는 것이 아닌가? 나아가 한 몸이 된 인류에게 아버지가 오심으로 모든 형제가 함께 쉼을 누리게 되기를 앙망하는 것이 아닌가?

이것뿐이 아니다. 예수는 저 '지복설교'(至福說敎, 마 5:3-12)에서 이런 말씀을 하셨다. "온유한 사람들은 복이 있다. 그들은 땅을 기업으로 받을 것이기 때문이다"(마 5:5). 예수는 사실 시편의 말씀을 그대로 선포하셨다. 시편 37편 11절은 "온유한 사람들이 땅을 차지할 것"이라고 말씀한다. 히브리어 성경은 "온유한 사람들"을 '아나윔'이라고 적었다. 앞에서 살펴보았듯이 '아나윔'은 이사야 61장 1절에 나오는 표현으로 "하나님을 자신의 주인으로 섬기는 종의 심정으로 하나님께 복종하는 자들"을 가리킨다. 이들은 마태복음 5장 3절의 "심령이 가난한 사람들"과 같은 사람들이기도 하다(이 장의 주1을 보라).

"온유한 사람들"은 텅 빈 심령을 지닌 자들이다. 그들의 심령 속에는 자기 것이란 게 없다. 오직 아버지 것만이 있을 뿐이다. 그들은 자기 것을 추구하지 않고 모든 것을 오로지 아버지 것으로 여긴다. 그들은 아버지 앞에서 지극히 겸비하다. 예수는 "온유한 사람들"이 누구인지 탕자의 이야기(눅 15:11-32)를 통해 알려 주셨다. 아버지를 떠났다가 비참한 꼴로 돌아온 작은 아들은 아버지께 이렇게 말했다.

저는 더 이상 당신의 아들이라고 불릴 자격이 없습니다.
저를 당신의 삯꾼들 가운데 하나와 같이 여기소서(눅 15:19).

그는 이전에 아버지 재산의 3분의 1은 자기 것이므로 그걸 달라고 요구했던 자다.[4] 아버지가 내어주신 그 재산을 받아 기세등등하게 아버지를 등지고 먼 나라로 가버렸던 자다. 아버지가 아니라 마몬만을 향하고 있던 그의 마음은 겸비함과 거리가 멀었다. 그러나 그 삶이 비참한 종말을 맞이하자, 비로소 아버지를 향해 삯꾼과 같은 겸비한 마음을 품게 되었다. 그제야 그는 뉘우치고 아버지께 돌아왔다. 예수가 말씀하는 '온유함'은 아버지께 돌아오는 이 작은 아들이 품었던 바로 그 마음을 가리키는 것이다. 아버지는 이 아들을 박대하거나 내쫓지 않았다. 오히려 아버지는 돌아온 아들을 불쌍히 여기고 다시 아들의 자리에 앉혔다. 이제 아들은 쉼을 얻었다. 그는 먹을 것, 입을 것을 염려할 필요가 없다. 내일을 근심하지 않아도 되며, 비참한 현실에 신음할 필요도 없다. 그저 아버지만을 바라보면 되는 것이다. 예수는 하늘의 하나님이 바로 그런 아버지이시며 우리의 아버지이심을 우리에게 가르쳐 주셨다. 이 땅의 마몬이 아니라, 그분만을 앙망하며 온유한 심정으로 그분께 돌아올 때에 비로소 쉼을 누릴 수 있음을 가르치신 것이다.

땅의 것인 마몬을 떠나 하늘의 아버지께 돌아가는 자만이 쉼을 누린다. 마찬가지로 땅의 질서를 떠나 하늘의 질서를 따르는 자만이 쉼을 누릴 수 있다. 그것은 무슨 말일까? 우리는 예수가 제자들과 나누신 한 대화 속에서 그 뜻을 파악할 수 있다.

그 때에 제자들이 예수께 나아와 말했다.
"그런데 하늘나라에서는 누가 더 큽니까?"
그러자 (예수는) 한 어린이를 불러 그를 그들 가운데 세우셨다.

그리고 (이렇게) 말씀하셨다.

"진실로 내가 너희에게 말한다.

만일 너희가 돌이켜 어린이들과 같이 되지 않는다면,

결코 하늘나라에 들어가지 못할 것이다.

누구든지 이 어린이처럼 자신을 낮추는 사람이

하늘나라에서는 더 크다"(마 18:1-4).

제자들은 예수를 따라다니면서 예수가 말씀하시는 하늘나라의 모습이 늘 궁금했던 모양이다. 어느 날, 그들은 하늘나라에서는 어떤 사람이 더 큰 사람인지 예수께 물었다. 아마 그들은 "하늘나라에서는 누가 더 높은 대우를 받느냐" 하는 것을 알고 싶었을 것이다. 이 땅에 사는 사람들은 늘 사람들 사이에 크고 작음이 있음을 보아 왔다.

로마에는 황제가 있었고 시리아에는 그가 보낸 총독이, 그리고 가이사랴에는 시리아 총독보다 더 낮은 직급의 총독이 있었다. 대제사장 밑에는 성전경비대장이 있었고 그 밑에는 성전 일을 돌보는 레위인들이 있었다. 포도밭 품꾼은 하루 종일 일해도 1 데나리온을 받을 뿐이었다. 그나마 악독한 주인을 만나면 그 일당마저도 제대로 받지 못할 때가 있었다. 그렇게 번 돈을 다 털어도 보리떡 열두 개 사고 나면 그만이었다. 하지만 허구한 날 친구들과 어울려 목욕장과 연극장에서 소일해도 먹고 살 걱정이 없는 포도밭 주인은 하룻밤 접대비로 몇 데나리온을 흔쾌히 지출했다. 바리새인 율법학자는 비천한 농민보다 더 높임을 받았고, 사마리아 사람은 개와 똑같이 취급되었다. 돈과 권력과 학식과 명예와 출신이 사람들의 높낮이를 정하는 기준이었다.

제자들이 본 세상이 그러했다. 높은 사람은 낮은 사람 위에 군림했고, 낮은 사람은 높은 사람에게 허리를 굽혔다. 사람과 사람 사이에 존재하는 높낮이의 다름이 사람들의 삶을 더 쉼이 없는 고통으로 몰고 갔다. 높은 자는 높은 자의 자리를 지키고자 낮은 자를 억눌렀고, 낮은 자는 높이 올라가려고 발버둥쳤다. 누구라도 기회만 있다면, 높은 자가 되고 싶어 했고 큰 자가 되기를 소망했다. 제자들의 질문은 당연한 것인지도 모른다. 늘 그런 곳에서 살았기 때문이다.

그런데 예수는 제자들에게 전혀 생각지 못한 이야기를 꺼내셨다. 예수의 말씀은 이런 뜻이었다.

"뭐, 하늘나라에서는 누가 크냐고? 김칫국부터 마시고 있구나. 너희 말을 들어 보니, 너희는 당연히 하늘나라에 들어갈 줄로 생각하는 모양인데, 착각하지 마라. 하늘나라에서 누가 큰지 묻기 전에, 너희가 하늘나라에 들어갈 수 있을지 먼저 물었어야지. 너희는 어쩌면 이 땅에서 큰 자가 하늘에서도 큰 자가 되지 않을까 하는 생각을 한 모양인데…. 하늘나라를 몰라도 너무 모르는구나.

하늘나라는 너희처럼 큰 자가 될 궁리나 하는 자들에겐 내어

줄 자리가 없는 곳이다. 거기는 철없는 어린이처럼 엄하신 아버지를 두려워하면서도 아버지의 따뜻한 사랑에 즐거워하는 사람들이 들어가는 곳이다. 항상 우리 아버지가 최고라고 생각하는 코흘리개 아이들이 들어갈 수 있는 나라란 말이다. 더욱이 그 나라로 들어가는 문은 아주 좁거든(마 7:13-14, 눅 13:24)! 큰 자들은 결코 들어갈 수가 없지. 너희처럼 큰 자 아니면 큰 자가 되려고 하는 자가 거기에 어떻게 들어갈 수가 있겠니?

하늘나라에 들어가려면, 먼저 큰 자가 되려 했던 마음부터 바꿔라. 그런 다음 그 나라로 들어가는 좁은 문을 지날 수 있게 너희 자신을 작게 만들어라. 사실 그 문은 지극히 좁아서, 너희가 작으면 작을수록 좋겠지. 그러면 너희는 그 좁은 문을 지나 너끈히 하늘나라로 들어갈 수 있을 것이다.

그런데 말이다. 일단 그 나라에 가면 너희가 놀랄 일이 있다. 그게 뭔지 아니? 너희가 그렇게 작은데도 하늘나라에서는 그 유명했던 세례 요한이 이름 없는 너희보다 더 작은 자라는 것이지(마 11:11). 왜냐고? 요한은 여자로부터 태어난 사람의 아들이지만, 너희는 아무리 작아도 하나님이 낳은 자녀이기 때문이란다. 하나님이 낳으신 어린이가 가장 큰 자인 곳이 바로 하늘나라야!"

하늘에서는 작은 자가 오히려 큰 자다. 낮아지려 할수록 오히려 높아지는 것이 하늘나라다. 더욱이 그 나라는 높아진 자가 군림하는 것이 아니라 늘 섬긴다. 그건 분명히 땅의 질서와 다른 질서다. 예수는 땅의 질서에 젖어버린 생각을 집어던지라고 말씀하셨다. 하지만 사람이 스스로 작아진다는 게 쉬운 일인가?

아담과 하와 이후, 인류는 오로지 스스로 큰 자가 되려고 몸부림쳐 왔다. 사람들은 늘 그걸 정상이라고 여겼다. 하지만 그것은 이미 살펴보았듯이, 하와를 꾀었던 그 마귀가 사람에게 심어 놓은 가치관이다. 오랫동안 인류를 옭아맨 '큰 자 중독증'에서 벗어나기란 결코 쉬운 일이 아니다. '세베대의 아들 야고보와 요한 어머니의 치맛바람 사건'(마 20:20-28)을 보라. 예수의 말씀을 늘 들어왔던 제자들조차 그 중독에 빠져 있지 않았는가? 예수는 높아지려 하는 제자들에게 "누구든지 크고자 하는 자는 섬기는 자가 되고, 으뜸이 되고자 하는 자는 종이 되어야 할 것"이라고 말씀하셨다. 그것이 하나님 나라의 역설이었다.

왜 그런 말씀을 하신 건가? 크고자 하는 자, 으뜸이 되고자 하는 자에게는 쉼이 없기 때문이다. 의심과 질투와 시기와 저주만이 그의 심장을 뒤덮고 있을 뿐이다. 사랑이나 섬김은 그와 상관이 없다. 예수가 태어나실 때 처참한 유아 학살 명령을 내렸던 헤롯은 왕위를 빼앗길까봐 염려한 나머지 중병에 걸려 죽음을 앞둔 상황에서도 두 아들을 죽이는 만행을 저질렀다. 옛 소련의 독재자 스탈린은 권력을 독점하려고 멕시코까지 암살자를 보내 동갑내기 혁명 동지 레온 트로츠키를 죽이지 않았던가?

헤롯과 스탈린만이 큰 자가 되려고 하는 게 아니다. 오늘날 온 천지를 뒤덮고 있는 바람을 보라. "어떻게 하면 내가 큰 자가 되며 어떻게 하면 내 자식을 큰 자로 만들까" 하는 광풍(狂風)이 몰아치고 있다. 쉼이 없는 우리의 삶이 이 광풍과 무관하다고 말할 수 있을까? 예수는 우리에게 쉼이 없는 이유를 정확히 일러 주신 것이다. 큰 자가 되는 것만을 바라고 부추기는 이 땅에는 쉼이 있을 수 없다. 하늘나라에 완전한 쉼이 있는 이유는 그 곳이 이 땅과 정반대 세계이기 때문이다.

그렇다면 한 가지 의문이 생긴다. '좁은 문'을 지나 비로소 만나게 되는 하늘나라는 저 피안의 세계를 가리키는 것인가? 아니다. 하늘나라는 비단 그 곳만을 가리키는 게 아니다. 예수가 말씀하시는 좁은 문은 저 하늘의 입구에 서 있는 건축물을 가리키는 게 아니다. 그 좁은 문은 우리 모든 이의 마음속에 자리 잡고 있다. 예수는 이 땅의 사람들이 하늘나라의 법과 가치, 하늘나라의 질서를 따르기가 매우 어려움을 좁은 문의 비유로 말씀하신 것이다. 예수는 넓은 문으로 나아가던 마음을 돌려 좁은 문으로 들어가라고 요구하셨다.

예수의 말씀을 좇아 인생의 마음이 좁은 문으로 방향을 돌려 그 곳으로 들어간다면 어떤 일이 벌어질까? '바로 그 순간, 바로 그 곳에' 하늘나라가 임한다. 하늘나라가 임한 그 곳에 쉼이 찾아온다. 우리가 이미 보았던 마가복음 10장의 부자에겐 자신의 피와 살 같은 재물을 포기하고 가난한 동포들에게 나누어 주는 것이 좁은 문을 통과하는 일이었다. 그는 그 문으로 들어가길 거부했다. "그가 슬픈 얼굴로 돌아갔다"(막 10:22)는 말씀은 그가 곧 하늘나라에 있지 않다는 것을 증언해 주는 것이다.

예수의 가르침을 믿고 그대로 따른 이들에겐 이미 이 땅에서 하늘나라가 선물로 주어졌다. 세리장 삭개오의 예를 보면, 이를 잘 알 수 있다(눅 19:1-10). 예수는 삭개오의 이야기를 듣고 나서 "오늘 구원이 이 집에 이르렀다"(눅 19:9)고 선언하셨다. 여기서 "이르렀다"라는 헬라어 동사는 이미 어떤 사실이 단번에 이루어졌음을 말하는 부정과거 시상으로 되어 있다. 그것은 곧 삭개오가 마음을 돌린 그 순간에 구원이 그 집에 이미 이루어졌음을 가리키는 것이다. 예수의 선언 이전에 이미 삭개오는 구원을 얻었고 하늘나라의 쉼을 얻었다. 내가 이 책의 서두에서 하나님이 구원을 이루어 가시는 역사는 곧 쉼을 완성시켜 가시는 역사와 궤도를 같이한다고 말한 건 바로 이 때문이다. 구원을 얻은 자에겐 하늘의 쉼이 있기 때문이다. 예수의 말씀처럼, 하늘나라는 이미 이 땅에 가까이 와 있었다(마 4:17). 하지만 땅의 질서를 거부하고 하늘의 질서에 순종하는 사람들만이 그 나라에서 쉼을 누릴 수 있다.

예수가 가르치신 '쉼의 길'과 하나님이 이스라엘에게 주셨던 '쉼의 법'은 그 기초를 같이한다. 둘 다 동포를 섬기며 사랑하는 마음이 없으면 이루어질 수 없다. 동포를 사랑하는 자만이 다른 이도 나와 똑같이 하루에 한 오멜을 먹어야 한다는 점을 당연하게 여길 수 있다. 동포를 섬기는 자만이 가난 때문에 빚을 진 동포에게 이자를 요구하지 않으며 '기쁨의 해, 해방의 해'에 흔쾌히 빚을 면제해 줄 수 있다. 나보다 약한 동포를 섬기는 자만이 나봇의 포도밭을 나봇의 기업으로 존중할 줄 안다(왕상 21장을 보라).

예수가 일러 주신 '쉼의 길'도 마찬가지다. 하나님을 섬기며 마몬을 거부하는 자만이 가난한 이웃에게 그 소유를 기꺼이 나누어 줄 수 있다. 그런 자만이 소유에 집착하지 않고, 이웃의 것을 탐내지 않을 수 있다. 하늘의 아버지를 믿고 아버지의 가르침을 따르는 자만이 쉼을 누릴 수 있는 것이다. 예수가 "어느 계명이 크냐"는 바리새인 율법사의 질문에 "네 마음과 네 생명과 네 생각을 다하여 주 네 하나님을 사랑하고 네 이웃(동포)을 네 자신처럼 사랑하는 것"이 "온 율법과 선지자들의 명령"[5]이라고 대답하신 것(마 22:34-40)도 그 때문일 것이다. 하지만 이스라엘이 '쉼의 법'을 따르지 못했듯이, 우리가 '쉼의 길'을 따라가는 것 역시 너무 어려운 일이다. 예수의 말씀대로 차라리 낙타가 바늘귀로 들어가는 일이 더 쉬울지 모른다(마 19:24). 땅의 질서를 따르는 옛 사람은 그 일을 할 수가 없다. 그 때문에 하늘의 질서를 따르는 새 사람, 하나님의 영을 받아 마귀와 투쟁을 벌일 새 인류가 필요한 것이다. 그 새 인류를 창조하는 일은 오직 하나님만이 하실 수 있는 일이었다. 예수가 제자들에게 "사람은 할 수 없으나 하나님은 다 하실 수 있다"(마 19:26)고 말씀하신 건 바로 그 때문이다.

 예수는 쉼의 길을 가르쳐 주시는 것만으로 그치지 않으셨다. 그분은 직접 세상으로 나가 쉼을 잃어버린 인생들에게 쉼을 베풀어 주셨다. 그분은 마음이 찢긴 자들을 치료하셨고 사로잡힌 자들을 풀어 주셨다. 사슬에 묶인 자들을 풀어 주셨고 슬픔에 젖어 탄식하는 이들을 위로하셨다. 그분은 쉼의 길을 가르치시는 선생이기도 했지만, 쉼을 잃어버린 인류에게 쉼을 가져다주실 구원자이기도 했기 때문이다. 구원자이신 예수는 고통당하는 이들에게 다가가셨다. 죄의 사슬에 갇혀 괴로워하는 이들에게 다가가 고통의 멍에를 풀어 주셨다.
 그는 누구에게나 차별 없이 쉼을 주고자 하셨다. 비단 사회에서 소외된 자리에 있는 약자들뿐만 아니라, 위선으로 가득한 서기관들과 바리새인들과 율법사들에게도 하늘나라의 쉼을 주고 싶어 하셨다. 그들을 "회칠한 무덤"(마 23:27)이나 "독사의 새끼들"(마 23:33)이라고 통렬히 꾸짖으신 것도 사실은 그들이 겸비하게 하나님을 섬기는 자리로 돌아올 것을 촉구하는 말씀이었다. 그들은 모두 죄인이었기 때문이다. 하늘의 아버지를 거역한 뒤 마귀를 따라간 죄의 사슬에 얽매여 고통당하는 자들이었기 때문이다. 그러기에 그분은 유대인들의 관원이자 바리새인인 니고데모에게도 기꺼이 진리를 따라 빛으로 나아오라고 말씀하셨던 것이다(요 3:1-21).

하지만 우리는 무엇보다도 사회에서 소외된 자들에게 다가가 쉼을 베푸시는 예수의 모습에서 구원자가 베푸시는 쉼의 진면목을 더 강렬히 느낄 수 있다. 예수의 행적을 보고 들은 이들은 그분을 "세리들과 죄인들의 친구"(마 11:19)라고 불렀다. 그럴 만도 했다. 심지어 예수의 제자 중에는 얼마 전까지 세리였던 마태도 들어 있지 않았던가? 세리가 누구인가? 그들은 로마의 앞잡이가 되어 동포의 고혈을 빨아먹는 인간들이었다.

당시 로마에서는 정부가 징세권을 징세권임차인들에게 빌려주었다. 이 임차인들은 거금을 주고 정부로부터 한 지역의 징세권을 빌리면서, 정부가 할당한 징세목표액보다 많은 금액은 자기 몫으로 챙길 수 있는 권리를 확보했다. 징세지역이 넓고 세무가 복잡하다 보니, 징세권임차인들은 아랫사람들을 두어 부리게 된다. 이들이 바로 성경이 말하는 세리들이다.[6] 징세권임차인들은 대부분 로마 사람이었지만, 유대 지역의 세리들은 유대인이 대부분이었다. 당시 이스라엘 백성들은 로마뿐만 아니라 로마가 인정한 분봉왕에게도 세금을 내야만 했다. 악독한 분봉왕 헤롯조차도 인심을 얻으려고 기근 때에 세금을 깎아준 적이 있었다. 하지만 로마는 인정사정없이 세금을 거둬들였다. 이렇게 가혹한 로마의 꼭두각시 노릇을 하는 이가 세리였으니, 누가 세리를 좋아했겠는가?

그런데 예수는 그들과 어울리시고 그 세리를 제자로 삼으시더니, 아예 그의 집에 들어가 많은 세리들과 어울려 식사까지 하셨다(마 9:10). 당시 식사를 같이한다는 것은 그들과 한 부류임을 보여 주는 표지였다. 민족을 팔아먹는 인간들이요 고리대금업자와 동일시되던 세리들과 식사를 같이 한다는 것은 분명 모험이다. 그러나 예수는 그 모험을 흔쾌히 받아들이셨다. 왜 그러셨을까? 그들이야말로 하늘나라의 쉼이 필요한 존재들이었기 때문이다. 그들이야말로 아버지 하나님께 돌아와 겸비하게 용서를 빌고 싶어도 아버지가 어떻게 나오실지 몰라 두려움에 떠는 죄인들이었기 때문이다. 어쩌면 그들이야말로 죄의식에 사로잡혀 아버지 앞에 고개를 들지 못하는 '온유한 심정'의 소유자였는지 모른다(눅 18:13-14을 보라). 그러기에 예수는 그들에게 쉼을 베푸신 것이다. 죄를 용서하시고 죄의 사슬에서 해방시켜 주신 것이다.

병자들 역시 그 당시 사회로부터 따돌림 받는 이들이었다. 특히 나병환자 같은 이들은 부정한 자로서 마을 밖으로 나가 따로 살아야만 했다. 살이 썩어 문드러지는 고통 속에서 치료는커녕 모든 이들로부터 외면당하던 그들에게 이 땅의 삶은 이스라엘 사람들이 말하는 '음부, 곧 쉬올의 삶'이었을 것이다. 그들은 아마 모든 것을 잃고 몸마저 망가진 욥처럼 자신의 태어난 날을 저주하며(욥 3:1) 살았으리라. 하지만 인간을 창조하신 하나님이 인간에게 이런 병고를 지워 주신 장본인일까? 처음부터 하나님이 인간에게 병고를 지워 주신 거라면, 예수는 병자들을 고치지 않으셨을 것이다. 그분 자신이 하나님이셨기 때문이다(요 1:1).

예수는 가버나움에서 중풍병자를 고치실 때, 병의 근원이 무엇인가에 대해 일러 주셨다(막 2:1-12). 성경은 예수가 지붕까지 뜯고 병자가 누운 침상을 아래에 계신 당신께 달아 내린 사람들의 '믿음'을 보셨다고 증언한다. 그분이 보신 '믿음'이란 대체 무엇이었을까? 아마도 그 '믿음'은 이사야 선지자가 말했던 "아나윔"(사 61:1-2)의 마음이었을 것이다. 비참한 몰골로 아버지께 돌아와 겸비하게 아버지의 처분만을 기다리는 '온유한 자'의 마음이었을 것이다. 아버지에게 모든 것을 맡긴 채 아버지만을 믿어 버리는 '어린 아이'의 심정이 바로 그 '믿음'이었으리라. 그러기에 예수는 그 병자를 "아이"라고 부르셨다(막 2:5). 예수는 그 '아이'에게 먼저 "네 죄들이 용서받았다"고 선언하셨다. 그런 다음 "일어나 네 침상을 가지고 걸어가라"고 말씀하셨다. 왜 그러셨을까?

예수는 그 중풍병자의 병이 아버지로부터 나온 것이 아님을 먼저 보여 주신 것이다. 병은 오히려 아버지 품을 떠난 죄가 안겨준 짐이었다. 어린이처럼 자기를 낮추며 아버지 앞에 돌아오는 자만이 아버지의 치료를 받을 수 있다는 사실을 예수는 보여 주셨던 것이다.

예수는 헤아릴 수 없이 많은 병자들을 병고에서 해방시켜 주셨다. 그러나 병을 낫게 하는 것 자체가 예수가 베푸신 해방의 목적이 아니었다. 그것은 모든 사람들로 하여금, 심지어 마귀조차도 당신의 아버지이신 하나님의 '크심(영광)'을 시인하게 하는 데 목적이 있었다(눅 17:18을 보라). 영광이라는 히브리어 '카보드'는 "크다, 무겁다, 부요하다"라는 뜻을 가진 형용사 '카베드'와 뿌리를 같이 한다. 하나님은 무엇과 비교할 수 없을 만큼 "크고 무거우시며 부요하신" 분이다. 인간과 온 우주가 쉼을 잃어버린 것은 마귀와 인간이 하나님의 '크심'을 인정하려 하지 않았기 때문이다. 마귀는 "너희가 하나님과 같이 될 것"(창 3:5)이라는 말로 하와를 유혹하지 않았던가? 예수는 인생들의 병을 고치심으로 사람들로 하여금 그 입으로, 그리고 그 마음으로 하나님의 '크심'을 시인하게 만든다(막 2:12).

귀신들린 자들로부터 귀신을 내쫓으심으로 모든 무리로 하여금 하나님의 '크심'을 시인하게 만드신다(눅 13:10-17). 심지어 그 귀신조차 크신 그분의 아들 앞에 무릎 꿇게 함으로 하나님의 '크심'을 인정하게 만드신다(눅 8:28). 그뿐이랴? 그분은 죽은 자를 살리심으로 모든 무리로 하여금 하나님의 '크심'을 인정하고 그분을 찬미하게 만드신다. 나사렛 남동쪽 15킬로미터쯤에 있는 나인 성에서 벌어진 한 사건을 읽어 보라(눅 7:11-17).

예수는 그 성으로 들어가시다가 한 과부의 외아들을 장사지내러 가는 행렬을 만나셨다. 그분은 과부를 불쌍히 여기시고 "울지 말라" 위로하신 다음, 죽은 청년을 살리셨다. 눈앞에서 죽은 자가 다시 살아난다면 얼마나 놀라겠는가? 성경은 그 자리에 있던 사람들이 보인 반응을 이렇게 증언하고 있다.

> 그러자 모든 사람이 무서워하고 하나님께 영광을 돌리면서, "큰 선지자가 우리 안에 일어났다", "하나님이 당신 백성을 도우러 오셨다"[7]라고 말했다(눅 7:16).

모든 사람이 하나님께 영광을 돌렸다는 말은 모든 이가 하나님의 '크심'을 시인했다는 말이다. 예수는 먼 옛날 당신의 아버지이신 하나님과 같이 되려고 했던 그 인류의 후예들을 다시 아버지 앞에 무릎 꿇게 만드셨다. 그러나 그 무릎 꿇음은 굴종이 아니었다. 자유를 누리던 자가 비참한 노예의 처지로 전락하게 된 것도 아니었다. 도리어 이 땅에서 죽음의 공포에 질린 채 마귀에게 종노릇하던 인간들에게 해방을 안겨 주신 것이었다. 죽은 자가 살아난 모습을 보고 사람들은 스스로 자신들을 '하나님의 백성'이라고 일컬었다. 그 때 그들의 심정이 비통했을까? 아니다. 그들은 상상할 수 없을 만큼 큰 희열을 느꼈으리라. "아, 죽은 자도 살리시다니! 이런 분이 우리를 도우러 오시다니!" 그것이 바로 쉼이었다.

인생들이 스스로 하나님의 백성임을 고백하는 순간, 이 땅에서 마귀의 영역은 줄어들고 하나님 나라는 지경을 넓혀 간다. 하나님은 인생들의 목을 죄고 있던 죽음의 사슬마저 끊어 버리려 하셨다. 그 사슬이야말로 사람들의 마음에서 쉼을 앗아간 가장 큰 짐이 아니던가? 하지만 죽음의 사슬을 끊어 버리는 그 엄청난 사건은 나인성에서 벌어진 일처럼 백성들의 경탄을 자아내는 모습으로 벌어지지 않았다. 도리어 도저히 믿을 수 없는 저주의 형태로 사람들 앞에 나타났다. 바로 십자가였다. 그러나 그 십자가가 불과 사흘 만에 "마귀의 머리를 으스러뜨리고 그 여인의 씨가 승리를 거두는 역사의 대전환점"으로 이어질 줄 누가 알았을까?

11

마귀의 머리를 으스러뜨리신 예수

사람의 아들이 온 것은 자기 목숨을 많은 사람의 대속물로 주려 함이니라(마 20:28).

예수는 당신이 이 땅에 오신 목적을 이렇게 말씀하셨다. 대속물(代贖物)! 그게 무엇인가? 종을 종의 신분에서 해방시킬 때, 포로를 포로의 처지에서 해방시킬 때 지불하는 물건이다. 풀려나는 자가 아니라 다른 이가 대신 제공한 속물이 바로 대속물이다. 예수는 당신의 생명을 이 대속물로 제공하고자 이 땅에 오셨다고 말씀하셨다.

이 말씀에는 두 가지 전제가 깔려 있다. 많은 사람이라고 표현되었지만, 사실은 모든 인류가 죄의 포로, 죄의 종이라는 것이 첫 번째 전제다. 첫 인류 아담과 하와가 하나님의 말씀을 거스른 이래, 그들은 스스로 어둠 속에 숨어 죄의 짐을 졌다. 죄의 종이 된 것이다. 그들의 후예인 인류 역시 조상의 신분을 그대로 이어받아 죄의 종이 되었다. 이렇게 죄의 종이 된 모든 인류는 죄 짐에 눌려 쉼을 잃어버렸다. 바로 이런 인류를 죄의 종이라는 신분에서 해방시키려면, 해방의 대가가 필요했다. 그 해방의 대가가 바로 속물이다. 이 속물을 죄라는 주인에게 지불하면 인류는 해방을 맛볼 수 있다.

그런데 문제가 있다. 그 해방의 대가가 사망이라는 것이다. 죄의 종이 된 자는 죄로부터 풀려나려면 자신의 생명을 죄에게 지불해야만 한다. 생명을 해방의 대가로 지불한다면, 그 해방이 무슨 의미가 있겠는가? 죽은 자는 해방을 누릴 수 없다. 이 때문에 죄의 종이 된 자를 해방시키려면, 그 종이 아닌 자의 생명이 해방의 대가로 지불되어야 한다는 결론이 나올 수밖에 없다. 다시 말해 죄의 종이 아닌 다른 이가 죄의 종이 지고 있는 짐을 대신 떠맡아야만 한다는 것이다.

그러나 이 땅에 있는 어느 누구도 죄의 종인 다른 이를 위해 자기를 해방의 대가로 제공할 수 없다. 생각해 보라. 이 땅에 있는 사람이 모두 죄의 종이 되어 이미 산더미 같은 죄 짐에 눌려 있는데, 누가 해방될 자의 짐을 더 떠맡을 수 있단 말인가? 이 땅에 있는 어느 누구도 다른 이의 죄 짐을 떠맡지 못한다. 결국 모든 이가 이미 각각 엄청난 죄 짐을 지고 있는 이상, 다른 이의 죄

짐을 더 떠맡아 그 다른 이를 죄의 굴레에서 해방시킨다는 것은 불가능하다. 인류를 죄의 굴레에서 해방시키려면, 그 모든 사람의 죄를 대신 떠맡은 뒤 자신의 생명을 그 모든 죄의 대가로 내놓을 수 있는 존재가 있어야만 했다. 이것이 바로 예수가 당신의 생명을 죄의 종인 인류의 대속물로 주고자 이 땅에 오실 수밖에 없었던 두 번째 전제다.

사실 예수는 인류의 대속물이 되실 필요가 없었다. 인류는 스스로 하나님을 버리고 마귀를 좇아 죄의 길로 나아간 원수이기 때문이다. 비록 인간이 당신의 피조물이라 할지라도 원수는 모른 체 하면 그만이다. 그런데 왜 예수는 이런 원수의 대속물이 되고자 이 땅에 오신 걸까? 그것이 당신 아버지이신 하나님의 뜻이었기 때문이다. 음부(쉬올)의 고통을 맛보기 전날 밤, 예수는 올리브 산에서 이렇게 기도하셨다.

"아버지, 만일 당신께서 원하신다면, 이 잔을 내게서 치워 주소서. 그러나 내 뜻이 아니라 당신의 뜻이 이루어지길 바라나이다"(눅 22:42).

그도 사람일진대, 죽음의 잔을 마셔야 한다는 게 범상한 일이었겠는가? 그 고통이 너무나 강렬했다는 것을 성경은 인체에 좀처럼 나타나기 힘든 현상을 통해 증언하고 있다(눅 22:44). 그러나 예수는 기꺼이 죽음의 잔을 받으셨다. 아버지가 그걸 바라셨기 때문이다.

하나님은 당신을 거역한 인류가 어둠의 권세가 지배하는 세상으로 나아갔지만, 그것을 그대로 내버려두셨다. 왜 그러셨을까? 그것이 사실은 하나님의 징벌이었기 때문이다. 인간은 어둠 속에서 쉼을 잃고 야곱의 표현처럼 '악한 삶'을 살 수밖에 없었다. 어둠의 권세자인 마귀가 세운 가치와 질서를 좇아 살아가는 것은 고통 그 자체였다. 하지만 하나님은 인류를 영원히 쉼이 없는 고통 가운데 두실 생각을 갖고 계시지 않았다. 인간이 누군가? 당신이 만드신 것들을 보시고 단 한 차례 '너무나' 마음에 든다고 표현했던 바로 그 날에 만든 존재(창 1:31)가 아닌가? 그런 존재이니만큼 인간을 향한 하나님의 사랑이 얼마나 컸겠는가? 아마 인간이 당신의 말씀을 거역했을 때 그분이 느끼셨던 배신감도 그만큼 컸을 것이다.

하나님은 인간의 죄가 마귀의 꾐에서 비롯된 것을 아셨다. 죄의 근원은 마귀였다. 마귀가 정범(正犯, 주범)이었고, 인간은 방조범(幇助犯)이었을 뿐이다. 정범인 마귀는 죄가 막심했으므로 영원한 형벌을 받아야 했지만, 방조범인 인간은 그보다 훨씬 작은 형벌을 받는 것이 하나님의 공의에 걸맞은 일이었다. 하나님은 인간의 형기(刑期)를 당신의 뜻 가운데 정해 두셨다. "그 여인의 씨가 마귀의 머리를 으스러뜨릴 그 때"(창 3:15)가 인간이 형기를 마치고 죄의 굴레에서 벗어날 때였다. 그 때가 올 것임을 하나님은 이사야 선지자의 입을 통해 이렇게 말씀하신다.

너희는 위로하라, 너희는 내 백성을 위로하라
너희 하나님이 말씀하시느니라.
너희는 여루샬라임(예루살렘)의 마음에게 말하며
그것에게 외쳐라.
그 복역(의 기한)이 다 되었다는 것을,
그의 죄값(죄책, 죄의 대가)이 다 치러졌다는 것을,
그의 모든 죄로 말미암아 여호와의 손에서 두 배나 받았다는 것을
(사 40:1-2).

이사야 선지자는 760여 년 뒤에 벌어질 일을 이미 이루어진 일처럼 예언하고 있다. 그는 죄의 대가가 이미 다 지불되었다고 말한다. 미래의 일을 완료된 일처럼 이야기하는 것은 미래의 그 일이 그만큼 확실하게 이루어질 것임을 말씀하는 것이다. 그러나 정한 형기가 다 되었다 하더라도 인간이 죄의 굴레에서 풀려나려면 사망이라는 죄값까지 치러야만 했다. 하지만, 앞에서도 본 것처럼, 이 땅의 인간 가운데 어느 누구도 그 죄값을 치를 수 없었기에 하나님은 당신의 아들 예수를 사람으로 이 땅에 보내신 것이다.

하나님은 모든 인류가 지고 있던 죄 짐을 당신의 아들인 예수의 등짝에 올려놓으셨다(롬 8:3, 고후 5:21). 그리고 그 대속물을 십자가라는 제단 위로 데려가셨다. 그 십자가 위에서 사랑하

는 아들로 하여금 죽음이라는 죗값을 치르게 하셨다. 로마의 형법은 노상강도나 해적, 노예반란, 소요, 반역 등의 중범죄가 아니면 십자가형을 내리지 않았다. 특히 이 형벌은 노예나 천민만이 받는 형벌이었다.[1] 예수는 강도도 해적도 아니었다. 그렇다고 당대 로마를 통치하던 티베리우스 황제에게 반기를 든 반역자도 아니었다. 예수를 빌라도에게 고발하던 이들은 십자가형을 받을 만한 죄목인 납세거부 선동, 왕명 참칭(반역), 소요죄에 해당하는 내용을 범죄사실로 들먹였다(눅 23:2, 3, 5). 하지만 빌라도는 예수가 무죄임을 선언했다(눅 23:4, 14-15). 그런데도 예수는 십자가형을 받았다. 어쩌면 그것은 온 인류가 하나님께 저지른 반역죄를 바로 그가 담당했다는 것을 보여 주는 상징인지도 모른다.

일단 십자가에 달린 죄수는 10센티미터가 넘는 쇠못이 손목과 발목을 관통한 터라 이루 말할 수 없는 고통을 느끼게 된다. 거기에다 시간이 흐르면서 점점 숨을 쉬기가 힘들어진다. 중력 때문에 몸이 자꾸 밑으로 처져 숨을 내뱉지 못하기 때문이다. 결국 온 몸에 이산화탄소가 가득 차 질식하게 된다. 어떻게든 숨을 내뱉으려고 몸을 위로 추켜 올려보지만, 끝내 힘이 빠진 죄수는 질식한 채 죽고 만다. 그뿐이 아니다. 예수는 군병들이 휘두른 채찍에 맞아 온 몸의 살점이 떨어져 나가고 심한 출혈 때문에 극심한 한기에 시달리셨을 것이다.

예수를 더욱 고통스럽게 한 것이 있었다. 3년 전, 저 요단강에서 당신의 아들이 세례를 받을 때 "내 사랑하는 아들"(마 3:17)이라고 친히 말씀하셨던 그 아버지가 아들의 고통에 침묵하신다는 사실이었다. 죽음의 고통과 고아처럼 버림받은 절망! 예수는 실로 우리 인류가 짊어져야 할 모든 고통과 슬픔을 홀로 짊어지셨다(사 53:4-6). 그 짐이 얼마나 무거웠을지 우리는 상상조차 할 수 없다. 그 짐에는 과거와 현재와 미래의 모든 인류가 안고 있던 죄의 짐이 다 들어 있었기 때문이다. 성경은 예수가 돌아가시기 전에 남긴 한 마디를 이렇게 증언하고 있다.

엘로히, 엘로히, 러마 셔박타니?(마 27:46).[2]

이 말씀에 뒤이어 "다시 크게 소리 지르셨다"(마 27:50)는 말씀이 있다. 하지만 성경은 그 내용을 전해 주지 않는다. 아마 그 소리는 똑같은 절규였을 수도 있고, 요한복음이 증언하는 말씀처럼 "다 이루었다"(요 19:30)는 말씀이었을 수도 있다. 어쨌든 자신의 고통을 외면하고 계신 아버지께 부르짖던 그 순간 예수의 고통은 정점에 다다랐을 것이다. 예수는 그 말씀을 남기시고 숨을 거두셨다. 바로 그 순간, 인류는 마침내 죄의 굴레에서 해방되었다. 예수가 해방의 대가를 다 치르셨기 때문이다. 이제 인류는 스스로 사망이라는 해방의 대가를 치를 필요가 없었다. 보이는 이 세계에서 사망이라는 다리를 건너 보이지 않는 저 세계로 건너가야 한다는 두려움은 과거의 일이 되었다. 사망이 주는 공포로부터 쉼을 누리게 된 것이다.

 하지만 여전히 풀리지 않는 두 가지 의문점이 남아 있다. 첫 번째는 예수를 영원히 음부에 두시는 것은 하나님의 공의와 일치하지 않는다는 점이다. 죄가 무엇인가? 하나님의 뜻을 따르지 않는 것이다. 그러나 예수는 자신의 목숨까지 내놓으며 아버지의 뜻에 철저히 순종하셨다. 비록 온 인류의 죄가 그에게 전가되었지만, 그 자신은 죄가 없으시다. 그분은 의인으로서 불의한 이들을 대신해 죽으신 것이다(벧전 3:18). 그런 예수를 사망의 고통 가운데 두신다는 것은 하나님의 공의와 일치하지 않는다.
 이 때문에 하나님은 당신의 뜻 가운데에서 아들을 잠시 음부에 두셨다가 이내 완전한 영육(靈肉)의 통일체로 다시 살리실 것을 계획하셨다. 그리고 그 계획대로 실행하셨다. 예수는 정말 십자가에 달려 숨을 거두셨다가 사흘 만에 살아나셨다. 그리고 수많은 증인들 앞에 자신을 보이셨다. 그렇다면 여기서 대체 예수의 부활이 무슨 의미를 갖고 있는지 묻지 않을 수 없다.
 이것이 두 번째 물음이다. 그분은 죽었다가 다시 살아나셨다. 왜 죽었다가 다시 사셨을까? 우리는 예수의 대속 때문에 우리 죄값이 모두 치러졌으므로 이제는 더 이상 '죽음'을 맛보지 않고 이대로 영원히 살게 되었다고 오해하기 쉽다. 하지만 '예수의 십자가와 부활'은 그런 의미가 아니다. 우리는 예수의 십자가 대속에도 불구하고 죽음을 맛보아야만 한다. 그게 진정한 복이다.

예수가 우리 대신 해방의 대가를 치르셨기 때문에 우리는 그동안 종노릇 하던 죄의 집안에서 풀려났다. 죄의 근원인 마귀의 손아귀에서 자유를 얻은 것이다. 그러나 마귀가 자기 소유임을 나타내려고 우리 몸에 찍어놓은 낙인은 그대로 남아 있다. 죄의 흔적, 죄의 병원균이 고스란히 남아 있는 것이다. 그 흔적을 간직한 우리 몸은 만신창이다. 하나님을 거역하고 마귀를 따라간 이래, 마귀가 세워 놓은 땅의 가치와 구조를 섬기느라 성한 곳이 하나도 없다. 이 땅의 권력과 명예와 재부를 얻고자, 본디 한 형제인 사람들끼리 얼마나 짓밟고 아귀다툼을 벌였던가? 겉으로는 인격과 사랑과 학식이 있는 자처럼 행세했지만, 그 속은 말 그대로 벌레가 우글거리는 위선과 탐욕과 저주의 무덤이 아니었던가? 쉼을 잃어버렸던 피로의 흔적을 그대로 안고 있는 게 우리 몸이었다.

우리는 마귀의 손에서 해방되었지만 죄의 낙인이 남아 있는 한, 그 간교하고 악독한 마귀가 언제 변심해 우리가 자기 소유라고 생떼를 쓸지 아무도 모르는 일이었다. 하나님은 마귀가 간교한 시비를 걸 단서를 추호도 남겨 놓으려 하지 않으셨다. 그 때문에 하나님은 죄에서 해방된 우리 인류를 풀려난 그 때의 그 몸으로 그대로 살게 하시는 것이 아니라, 완전한 새 사람으로 만들기로 하셨다. 마귀가 찍어놓은 죄의 낙인이 남아 있지 않은 깨끗한 새 사람으로 다시 만들기로 하신 것이다. 이를 위해 하나님은 "죄에게 종노릇하다가 예수의 대속으로 풀려난 우리의 옛 사람"

을 죽이신다. '우리의 옛 사람을' 예수처럼 십자가에 못 박아 죽이시는 것이다. 그런 다음 하나님은 우리 인류를 '새 사람으로 다시 태어나게' 하신다. 죄의 종이라는 낙인이 남아 있지 않은 새 사람, 하나님의 소유가 된 새 사람으로 거듭나게 하시는 것이다. '예수의 십자가와 부활'은 바로 그런 의미다. 그런 점에서 십자가와 부활은 '새 창조의 시작'을 의미한다. 이제는 마귀의 정체를 속속들이 깨닫고 그의 간교한 속임수에 넘어가지 않을 사람들이 태어나게 되었다. 오히려 마귀와 맞서 싸울 존재들이 출현하게 된 것이다. 하나님은 이 새 사람들을 통해 이 땅을 다시 점령해 가신다.

'예수의 십자가와 부활'은 죄의 노예였던 인류를 해방시켰다. 그 인류로 하여금 사망의 고통에서 벗어나 쉼을 누리게 했다. 어떤 이는 "새 사람도 역시 죽음을 맛보는 이유가 뭐냐"고 물을지 모른다. 하지만 분명히 알아야 할 것이 있다. 새 사람이 맞이하는 죽음(흙으로 돌아가는 것)은 "잠시 잠자는 것"(고전 15:6, 20, 51)일 뿐이다. 더욱이 그것은 '영광스럽고 평안한 쉼'이다. 왜 그런가? 다시 태어난 새 사람은 이 땅에 임한 하나님 나라에서 하나님이 주시는 쉼을 누린다. 그는 하나님의 자녀이므로 아버지이신 하나님이 모든 걸 책임지신다.

그러나 이 자녀들은 아직 완전한 쉼을 누리지 못한다. 죄 자체, 곧 마귀 자체가 아직 심판을 받지 않았기 때문이다. 마귀는 여전히 목숨을 부지하고 있다. 그는 점점 자신의 목을 죄어 오는 하나님 나라를 어떻게든 막아 보려 발버둥친다. '그 여인의 씨'가 자신의 머리를 짓밟자, 마귀는 미친 듯이 그 발꿈치를 물고 늘어진다. 그는 자신의 지배가 무너지는 것을 견디다 못해 독기를 품은 채 날뛰고 있다. 베드로 사도는 그 모습을 가리켜 "너희 대적 마귀가 으르렁거리는 사자처럼 이리저리 다니며 통째로 먹어 치울 누군가를 찾고 있다"(벧전 5:8)고 표현한다.

그런 점에서 보면, 오히려 이 땅은 예수가 마귀의 질서를 무너뜨리시기 전보다 더 치열한 전쟁터가 된 셈이다. 그 전쟁은 모든 곳에서 치열하게 벌어지고 있다. 하나님의 가치와 마귀의 가치, 하나님의 질서와 마귀의 질서가 격렬한 투쟁을 벌이고 있다. 마귀는 기회만 되면 하나님의 자녀를 무너뜨리려고 발버둥친다. 성경이 도처에서 "마귀와 맞서 싸우라"(엡 6:10-20, 약 4:7, 벧전 5:9)고 당부하는 건 이 때문이다.

하나님의 자녀인 새 사람은 이 땅에서 마귀와 맞서 싸우다가 그의 임무를 마칠 때에 '잠'이라는 '영광스러운 쉼' 가운데 들어가는 것이다. 그런 점에서 이 '잠'은 하나님이 당신의 원수와 싸운 자녀들에게 베푸시는 은혜다. 이 마귀가 완전히 멸망당할 그 때에, 하나님의 자녀들은 예수처럼 "다시 잠에서 깨어나(부활해)" 완전한 쉼에 동참하게 될 것이다(계 20-21장을 보라). 성경은 온 땅이 하나님의 권세에 복종하며 예수가 아버지의 나라를 통치하실 그 날이 반드시 임할 것임을 이렇게 증언하고 있다.

내가 그 밤의 환상 속에서 보니,

보라! 하늘의 구름들을 타고 사람의 아들 같은 그가 와서,

(계신) 날들이 오래된 그분에게 이르니,

그분 앞으로 들어가도록 허락되더라.

그런 다음, 그에게 권세와 영광과 왕국(나라)이 주어지니,

그 모든 백성들과 그 나라들과

그 혀들(다양한 언어를 말하는 사람들)이 그를 섬기더라.

그의 권세는 영원한 권세이니 결코 사라지지 않을 것이요,

그의 나라는 결코 망하지 아니하리라(단 7:13-14).[3]

선지자 다니엘은 포로로 잡혀간 바벨론에서 이 환상을 보았다. 하나님이 정하신 그 때가 되면, 십자가에 달리셨다가 부활하신 그 사람의 아들이 온 세상을 다스리시게 될 것임을 하나님은 보여 주셨다. 모든 원수가 사라질 그 날이 오면, 쉼은 완성될 것이다.

5부 쉼은 하나님을 믿고 그분의 뜻에 겸손히 순종하는 사람만이 누릴 수 있다. 하나님의 뜻대로 땅의 것을 버리고 하늘의 것을 찾는 사람, 목숨까지 바치는 지극한 섬김으로 내 옆에 있는 동포(형제)를 사랑하는 사람만이 쉼을 누릴 수 있다. 그 사람이 바로 새 사람이다.

예수는 하나님이 인류에게 보여 주신 새 사람의 모델이다. 예수는 자신의 모든 것으로 쉼의 길이 무엇인지 보여 주셨다. 그분은 철저히 아버지를 믿으셨고 아버지 말씀에 순종하셨다. 자신의 목숨과 마음과 생각을 다해 아버지를 섬겼으며, 동포를 위해 자신의 목숨까지 내놓으셨다. 아담과 하와가 하나님을 떠난 이래, 온 인류가 쉼을 잃어버렸던 것은 예수가 인류에게 보여 주신 길을 따라 살지 않았기 때문이다. 오히려 인류는 예수의 길과 정반대의 길을 가셨다.

예수가 가르치신 가치와 질서는 인류에겐 그야말로 미련한 것이었다. 인류의 영혼 속에는 마귀가 새겨 놓은 땅의 가치, 땅의 질서만이 들어 있었기 때문이다. 그러기에 예수는 인류가 정상으로 알고 있는 가치와 질서가 정상이 아님을 말씀과 삶으로 가르치셨던 것이다. 하늘의 아버지를 배반한 우리가 쉼을 잃은 채 얼마나 비참한 삶을 살고 있는지, 하늘의 아버지가 우리에게 베풀어 주시려는 참 쉼이 얼마나 좋은 것인지 그리고 아버지가 우리에게 얼마나 참 쉼을 베풀고 싶어 하시는지 알려 주셨다. 그분은 그 가르침을 통해 인류로 하여금 땅의 것에 매인 삶의 본질을 깨닫게 하셨다.

그것은 죄요 쉼이 없는 나날이었으며 노예의 생활이었다. 그 본질을 깨닫지 못한 이들은 여전히 땅의 것을 붙들고 놓지 않았다. 하지만 그 삶이 비참하다는 걸 깨달은 이들은 예수께 부르짖었고 하나님을 갈구했다. 그건 해방을 간구하는 외침이요 쉼을 찾는 절규였다. "예수의 십자가와 부활"은 그 절규에 대한 하나님의 응답이었다. 죄에 매여 쉼을 잃었던 이들에게 해방을 주신 것이다.

하지만 쉼을 앗아간 죄에서 해방되었다 하여 당연히 쉼을 누릴 수 있는 것은 아니었다. 쉼을 누리려면, 예수의 길을 따라가야만 했다. 예수의 길을 가려면, 예수처럼 되어야만 했다. 그러나 마귀의 가치와 질서에 오염된 사람이 스스로 예수의 길을 따라 살며 예수처럼 된다는 것은 불가능하다. 어찌할 것인가? 정녕 인류에게 쉼의 길은 없는 것인가? 아니다. 바로 그 때문에, 하나님은 독생자 예수를 낳으시듯이 당신의 자녀들을 낳으신다.

하나님은 성령으로 당신의 아들인 예수를 낳으셨다(마 1:18). 그분은 역시 성령으로 예수의 아우들을 낳으신다(롬 8:29-30을 보라). 이 아우들이 바로 새 사람들이다. 이 새 사람들이 하나님이 일찍이 제시하셨던 '쉼의 법'을 성취하게 된다.

12

새 사람의 창조와 '쉼의 법' 성취

주전 586년, 다윗의 적통(嫡統)임을 자부하던 유다 왕국이 바벨론에게 멸망당했다. 바벨론은 유다의 마지막 왕 시드기야의 아들들을 아비가 보는 앞에서 학살하고, 그 왕의 두 눈을 뽑은 다음 포로로 끌고 간다. "바벨론의 어린 아이를 움켜쥐고 바위에 때려 질그릇처럼 박살내는 이가 복이 있다"(시 137:9)[1]고 노래한 시가 있을 정도였으니, 그 포로 생활이 얼마나 처참했을지 쉽게 짐작할 수 있지 않은가? 바로 이 시대에 에스겔 선지자는 온 이스라엘을 향해 이런 예언을 선포한다.

> 또 내가 너희에게 새 마음을 주고,
> 너희 중심에 새 영을 줄 것이며,

너희 살(육체)에서 돌의(돌 같은) 마음을 제거하고,

너희에게 살의(살처럼 부드러운) 마음을 줄 것이다.

또 내가 너희 중심에 내 영을 주어,

너희로 내 명령을 행하게 하고

너희로 내 판결에 순종하며 (그대로) 행하게 할 것이다.

또 너희는 내가 너희 조상에게 준 땅에서 살 것인즉,

너희는 내게 백성이 되고

나는 너희에게 하나님이 되리라(겔 36:26-28).

얼핏 보면, 하나님은 이 예언 속에서 다윗과 솔로몬이 다스리던 옛 이스라엘 왕국의 회복을 말씀하시는 것 같다. 하지만 이 예언은 그런 말씀이 아니다. 이는 장차 예수 그리스도의 부활과 승천 이후에 일어날 어떤 대사건을 말씀한 것이다. 하나님이 새 영, 새 마음을 지닌 새 이스라엘을 지으시고 그들에게 그들 조상이 받았던 땅을 돌려주기 시작할 그 사건을 말씀하신 것이다.

그들 조상이 받았던 땅은 무엇인가? 그것은 이스라엘이 바벨론에게 빼앗긴 가나안 땅이 아니라, 아담과 하와가 마귀에게 넘겨준 '온 땅'을 가리킨다. 아담과 하와는 하나님으로부터 온 땅을 다스릴 권세를 부여받았다(창 1:28-30). 하지만 그들은 그 권세를 마귀에게 넘겨 주고 자신들은 오히려 그 마귀에게 복종하는 존재로 전락하고 말았다. 하나님은 마귀가 왕 노릇 하던 그 땅을 되찾아 새 영, 새 마음을 지닌 '온유한 사람들(아나윔)'에게 주겠다고 말씀하시는 것이다(마 5:5, 시 37:9, 11을 보라).

그렇지만 에스겔 선지자의 예언을 들었던 옛 이스라엘 사람들은 새 영, 새 마음을 받을 사람이 바로 자신들이며 그 땅이 가나안이라고 생각했을 것이다. 바벨론에 포로로 끌려가 혹독한 시절을 보내야만 했던 이스라엘 백성들은 대부분 그렇게 받아들였을 것이다. 3년 동안 예수와 동고동락했던 제자들도 그들의 조상들과 똑같은 이해를 가지고 있었던 것 같다. 이스라엘을 압제하는 자만이 바벨론에서 로마로 바뀌었을 뿐, 이스라엘이 외세의 지배를 받고 있는 건 마찬가지였기 때문이다.

부활하신 예수는 제자들에게 "아버지께서 약속하신 것을 기다리라"(행 1:4)고 말씀하셨다. "아버지께서 약속하신 것"은 무엇이었을까? 그것은 하나님이 에스겔의 입을 통해 말씀하신 "새 영, 새 마음"이었다. 예수는 하나님이 새 영, 새 마음을 부으셔서 새 사람을 창조하는 일을 시작하실 것임을 말씀하셨다.

그러나 제자들은 아버지가 약속하신 그것을 이스라엘의 독립과 왕국의 재건으로 받아들였다. 그들은 예수께 이렇게 물었다. "주여, (지금) 이 때에 당신께서 이스라엘에게 그 나라(왕국)를 회복시켜 주시는 것입니까?"(행 1:6). 제자들은 여전히 옛 이스라엘의 회복이 관심사였다. 제자들은 자신들의 스승이 베들레헴 출신이라는 것을 알았을 것이다. 그러기에 그들은 미가 선지자의 그 예언(미 5:2-5)을 기억하고, 자신들의 스승이 이제 이스라엘의 왕으로 등극해 다윗의 영광을 재건할 것인지 물어 보았던 것이리라.

하지만 예수는 제자들이 말하는 이스라엘과 전혀 다른 새 이스라엘이 세워질 것임을 선언하셨다. 그분은 이렇게 대답하셨다. "거룩한 영이 너희 위에 임하면, 너희는 능력을 받고 예루살렘과 온 유대와 사마리아와 땅 끝까지 가서 내 증인들이 될 것이다"(행 1:8). 이것은 무슨 말씀인가? 여기에는 두 가지 의미가 들어 있다.

첫째는, 거룩한 영(성령), 곧 새 영, 새 마음을 받은 제자들은 세상을 이길 능력을 지니게 될 것임을 말씀하신 것이다. 이는 새 영, 새 마음을 지닌 새 사람은 마귀의 가치와 질서를 물리치고 하늘의 가치와 질서를 따라 살게 될 것이라는 말과 같은 내용이었다. 동시에 그것은 곧, 아직 완성된 쉼은 아니지만, 사람들이 하늘의 쉼을 이 땅에서 누리는 역사가 시작될 것임을 선포하신 것이다.

둘째는, 새 사람들이 마음과 생각과 목숨을 다하여 하나님께 순종하며 동포를 내 몸과 같이 사랑했던 예수의 길을 그대로 따라감으로 '온 땅'을 차지하기 시작할 것임을 일러 주신 것이다. 이는 곧 새 이스라엘이 이 땅 위에 세워지기 시작할 것임을 말씀하신 것이다. 새 사람이 새 이스라엘의 출발점이었다. 에스겔의 때로부터 600여 년이 흐른 뒤, 비로소 그의 예언이 현실로 이루어지려 하고 있었다. 그것은 곧 하나님이 일찍이 제시하셨던 '쉼의 법'이 성취되려는 찰나에 있음을 보여 주는 것이었다.

예수가 부활하시고 승천하신 뒤, 열흘이 흘렀다. 때는 마침 유월절로부터 일곱이레(49일)가 지나고 맞이한 첫 날, 곧 오순절(구약의 칠칠절)이었다. 예루살렘에는 예루살렘 원주민뿐 아니라, 먼 이방에서 온 순례자들이 가득했다. 모든 히브리 남자는 하나님의 명령에 따라 무교절과 칠칠절과 초막절에 하나님을 뵙고 예물을 드려야만 했다(출 23:14, 신 16:16). 이 의무는 솔로몬이 예루살렘에 성전을 건축하면서 1년에 세 번 그 성전을 순례하는 것으로 바뀌었다.

하지만 유다가 바벨론에 망한 뒤에는 유대인들이 사방으로 흩어지면서 해마다 세 번씩 예루살렘에 찾아와 하나님을 뵙는다는 것이 어려워졌다. 교통수단은 엉망이었고 치안이 좋지 않던 때였다. 때문에 유월절을 보내고 생활 터전인 먼 이방으로 돌아갔다가 다시 칠칠절을 쇠러 예루살렘에 온다는 것은 불가능했다. 더욱이 세월이 흘러, 유대인들은 옛 히브리어를 잊고 아람어와 헬라어 등을 일상 언어로 사용하게 되었고, 예루살렘 성전보다 각지에 있던 유대인 회당이 이스라엘의 신앙생활에 중심 역할을 하게 되었다.

이 때문에 유대의 율법학자들은 1년에 세 번 하나님께 나아올 의무가 있었던 것을 먼 이방에 살던 유대인 디아스포라들에겐 한 번으로 줄여 주는 관용(?)을 베풀었다. 먼 곳의 유대인들은 그 한 번의 의무를 대개 유월절에 이행했다. 유월절에 예루살렘에 당도해 반 세겔(두 드라크마)의 성전세(마 17:24-27)를 내고 예루살렘이나 그 근방에 머물다가 아예 오순절까지 쉰 다음, 제2의 고향인 이방으로 돌아가는 경우가 많았다. 예루살렘 천지가 넘쳐나는 인파로 들썩들썩 했을 것이다. 바로 그 오순절에 온 예루살렘을 소동케 할 일이 벌어진다. 성경은 그 장면을 이렇게 기록하고 있다.

갑자기 하늘로부터 맹렬하게 불어 닥치는
급한 바람 같은 소리가 있더니
(그 소리가) 그들이 앉아 있던 온 집을 가득 채웠다.
그런 다음, 불처럼 갈라지는 혀들이(glossai) 그들에게 보이더니
그들 각 사람 위에 하나씩 임했다.
그러자 모든 사람들이 거룩한 영(성령)으로 가득 채움을 받아
그 영이 그들에게 큰 소리로 말하게 하시는 대로
다른 언어들을(glossais) 말하기 시작했다.
그 때에 하나님을 두려워하는 유대인들이
세상 모든 나라들로부터 예루살렘에 와 머물고 있었다.
그런데 이 소리가 나자 사람들이 모여들어
어지러운 소동이 일어났으니,
그들이 각각 자신들의 방언으로 말하는 것을 들었기 때문이었다.
그들이 두려워하고 놀라 경이롭게 여기며 말하되,
"보라, 이를 말하는 사람들이 모두 갈릴리 사람들이 아니냐?
그런데 어떻게 하여 우리가 태어난 우리 각 사람의 방언으로

듣는단 말인가?"(행 2:2-8).

하나님은 약속하신 대로 새 영을 부어 주셨다. 드디어 하나님이 새 창조를 시작하신 것이다. 하나님의 새 창조는 온 예루살렘을 놀라게 한 사건과 함께 시작되었다. "불처럼 갈라지는 혀들"의 모습으로 무리에게 임한 그 영이 "세상 모든 나라에 갈라져 살면서 각기 다른 언어들을 말하는 이들에게" 자신이 이 땅에 왔음을 알린 것이다. 헬라어로 혀와 언어라는 말은 모두 "글로사(glossa)"다. 성령이 혀들의 모습으로 임해 여러 언어로 자신의 오심을 보여 주신 것은 기가 막힌 일치라고 말할 수밖에 없다. 성경은 이 사건을 목격한 유대인들의 출신지를 무려 15개나 언급하고 있다(행 2:9-11). 그런데 그들이 모두 자기 언어로 "하나님의 큰 일"(행 2:11)을 전해 들은 것이다.

사도 베드로는 곧이어 "예수 그리스도의 십자가와 부활"을 선포한다. 그는 다윗이 시편 속에서 증언하던 하나님의 말씀(시 110:1)을 인용하면서, 사람들이 십자가에 못 박아 죽인 예수를 하나님이 "주와 그리스도"가 되게 하셨다고 말한다(행 2:35-36). 이것은 마귀의 질서가 무너지고 이 땅에 하늘나라의 통치가 시작되었음을 알리는 포고문이었다. 아울러 그 예수가 십자가와 부활을 통해 인생들을 죄에서 해방시켰다는 사실을 선포하는 것이기도 했다.

베드로는 모든 이들에게 회개하고 "이 정직하지 못한(패역한)

세대로부터 구원 받을 것"(행 2:40)을 강권한다. 그것은 곧 "하늘의 아버지가 당신을 배반했던 인류를 독생자 예수의 죽음과 부활을 통해 용서하셨으니, 마음 놓고 아버지 집으로 돌아오라"는 통지문이었다. 이 땅의 사악한 가치와 질서를 추종하다 쉼을 잃고 고통에 허덕이던 삶에서 벗어나 하늘나라의 질서 속에서 참 쉼을 누리라는 초대장이었다. 이 세대는 정직하지 못한 세대였다. 마음과 생각과 목숨을 다해 하나님을 사랑하고 자신의 동포를 자기처럼 사랑하는 세상이 아니었다. 땅의 것을 향한 집착과 탐욕을 내세우며, 서로 짓밟고 무너뜨리려 하는 전쟁터였다.

사도는 쉼이 없는 이 전쟁터를 벗어나 쉼이 있는 평강의 나라로 들어갈 것을 권면했던 것이다. 비단 베드로뿐만 아니라 다른 사도들도 똑같은 가르침을 선포했다. 아마 그 가르침 속에는 예수의 삶과 가르침이 고스란히 들어 있었을 것이다. 그 가르침이 이 땅의 여느 가르침과 전혀 달랐다는 사실을 짐작케 하는 말씀이 여기 있다.

그들이 사도들의 가르침에 견고히 붙어
함께 사귐(연합해 한 몸이 되는 것, koinonia)과 떡을 떼는 것과
기도하는 것을 계속했다.
또 모든 이에게 두려움이 임했으며,
사도들을 통해 많은 이적들과 기적들이 일어났다.
믿는 사람들이 다 함께 있으면서 모든 것을 공동으로 소유하고[2],

그 소유들과 그 재산들을 팔아

그것들을 각 사람이 필요한 대로 모든 사람에게 나누어주었다.

날마다 그들은 한 마음으로 계속 성전에 모이고,

집에서 떡을 떼며,

아주 기쁘고 순진한 마음으로 음식을 먹고[3],

하나님을 찬미하며

또 모든 백성으로부터 존경을 받았다.

그러므로 주께서 구원받는 사람들을 날마다 더하셨다

(행 2:42-47).

이 말씀은 한 몸이 된 공동체의 모습을 증언하고 있다. 사도들은 모든 것이 하나님의 소유라는 소유의 질서, 그 모든 것을 모든 사람이 골고루 나눠 쓰는 것이 마땅하다는 분배의 질서도 가르친 게 틀림없다. 그것은 하늘나라의 질서였지만, 동시에 하나님이 이미 오래 전부터 가르치셨던 '섬의 법'의 내용이기도 했다. 안식일과 만나의 법, 이스라엘의 각 지파에게 땅을 분배해 주신 것, '섬의 해'와 '기쁨의 해'가 담고 있는 질서는 바로 그런 소유의 질서와 분배의 질서가 아니었던가? 나아가 사도들은 구원받은 사람들이 모두 하늘의 하나님을 한 아버지로 모시는 한 형제임을 가르쳤던 게 분명하다. 형제 사이에는 높고 낮음이 없다. 종이나 상전이나 남자나 여자나 그리스도 예수 안에서는 모든 사람이 한 형제자매였다.

사도들의 가르침은 놀라운 현실로 나타났다. 이 세상의 지혜와 지식으로는 도무지 생각할 수 없는 일이 벌어졌다. 예전에는 사회의 계급과 신분에 따라 높고 낮음을 구별하던 이들이 모든 잣대를 내버렸다. 이전에는 주인과 종이, 세리와 창기와 고리대금업자가 고상한 레위인과 함께 식사하는 것은 생각할 수도 없는 일이었다. 여인들의 말은 신뢰할 가치가 없는 것이었기에 남성들은 여성들을 저 발치 아래에 있는 부류로 여겼다.

그런데 '믿는 사람들'은 사람과 사람 사이를 가로막고 있던 그 모든 장벽을 허물어 버렸다. 그들은 한 식탁 앞에 모여 함께 떡을 떼었다. 그것은 곧 그들 각 사람이 떡이 상징하는 예수의 몸을 한 부분씩 나누어가졌다는 것을 깨닫는 기회였다. 그들은 예수의 살과 피를 나눠가진 한 몸이었다. 아울러 그들은 아주 기쁘고 순진한(단순한) 마음으로 함께 식사를 나누었다. 함께 식사한다는 것은 그 식사에 동참한 이들이 모두 한 부류임을 보여 주는 표지였다. 그들은 하나였다.

그뿐만이 아니었다. 이 믿는 사람들은 모든 것을 공동으로 소유했으며, 자신의 소유와 재산을 팔아 각 사람의 필요대로 나누어주었다. 소유와 분배의 원리에서도 그들이 한 몸임을 보여 준 것이다. 한 물건의 소유권은 한 사람 전체가 갖는 것이지, 그 사람의 팔이나 다리가 갖는 것은 아니다. 믿는 사람들 하나하나는, 팔이나 다리처럼, 한 몸의 일부분이었다. 그들이 모두 모여야 비로소 소유권의 주체가 될 수 있는 한 몸이 될 수 있었다. 그들에게 공동소유는 필연일 수밖에 없었다. 더욱이 그들은 자신의 소유와 재산을 팔아 필요한 이들에게 나누어 주었다. 사도행전 4장에는 이런 모습이 보다 상세하게 나타나 있다.

> 믿는 공동체들의 마음과 영혼이 하나가 되어,
> 단 한 사람도 자신에게 속한 것들 가운데 어느 것이든
> 자기 것이라 말하지 않고
> 그들에게 공동으로 귀속되었다고 말했다 …
> 진정 그들 안에는 가난한 사람이 아무도 없었다.
> 이는 진정 밭들과 집들을 가진 모든 사람들이 (그것들을) 팔아
> 그 팔린 것들의 값을 가져다가 사도들의 발 앞에 두면,
> 그들이 각 사람들에게 필요한 대로 나누어 주었기 때문이다
> (행 4:32, 34-35).

이 믿는 사람들이 사유재산을 전혀 갖고 있지 않았던 것은 아닌 듯하다. 하지만 그들은 그런 재산마저 이미 자기 것이 아니라 공동체에 귀속되었다고 선언했다는 것이다. 국가의 재산법이 사유재산으로 규정한다 할지라도, 그들에겐 그 규정이 무의미했다. 그들은 이미 마음과 영혼이 하나가 되어 있었기에, 이 땅의 재물에 대한 집착과 미련을 다 버린 것이다. 그들이 가진 것들을 팔아 그 대금을 사도들의 발 앞에 두면, 사도들은 그것을 각 사람이 필요한 대로 나누어 주었다. 이 '나눠줌'은 주로 사회에서

소외되어 스스로 먹고 살 힘이 없는 고아나 병자, 과부 등의 빈민들에게 큰 힘이 되었던 것 같다(행 6:1을 보라). 성경은 "믿는 공동체들 가운데 가난한 사람이 아무도 없었다"(행 4:34)고 증언한다. 놀라운 일이다. 하나님은 옛적 이스라엘에게 '쉼의 해'의 규례를 선포하시면서, 이스라엘이 당신의 말씀을 잘 듣고 당신의 명령대로 행하면 "이스라엘 가운데 가난한 자가 없을 것"(레 15:4-5)이라고 말씀하신 적이 있었다. 하지만 이스라엘은 그 말씀을 지키지 못했다. 결국 그들은 하나님이 말씀하시던 그 쉼을 누리지 못했다. 왜 그랬던가? 이스라엘에게는 동포를 내 몸과 같이 사랑하는 마음이 없었기 때문이다. 그 때문에 그들의 마음과 영혼은 하나가 되지 못했다.

하지만 오늘 '믿는 사람들'이라는 이름을 지닌 이 새 이스라엘은 하나님이 명령하셨던 '쉼의 법'을 성취하고 있다. 드디어 모든 이의 마음과 영혼이 하나가 되어 내 동포를 내 몸처럼 사랑하는 일이 역사 속에서 이루어진 것이다. 믿는 사람들의 이 행동은 분명 찬탄과 놀라움의 대상이 되었을 것이다. 그 때는 대제사장들조차 사리사욕에 눈이 멀어 치부에 골몰하던 때였다. 가난한 이들은 하루하루 연명하기조차 힘들었지만, 부자들의 사치는 이루 말할 수 없을 정도였다. 성경은 믿는 사람들이 "모든 백성으로부터 존경을 받았다"(행 2:47)고 증언하는데, 어쩌면 그것은 당연한 귀결일지도 모른다.

이 땅의 질서와 가치를 따라 사는 이들에겐 이 믿는 사람들의 행동은 미련한 것처럼 보였을 것이다. 치열한 경쟁만이 난무하는 이 세상 속에서 자신을 지켜줄 수 있는 권력과 재산을 스스로 포기했기 때문이다. 그들이 보기엔 어쩌면 이 믿는 사람들은 이 땅의 삶을 포기한 존재들이었을지 모른다. 하지만 그게 사실이었다. 예수는 마치 자기가 최고의 권력자인양 행세하는 로마 총독 빌라도 앞에서 진정한 권세는 하늘에 있음을 선언하셨다(요 19:10-11). 그분은 당신의 나라가 이 세상에 속한 것이 아니라고 말씀하셨다(요 18:36). 믿는 사람들은 예수가 열어 주신 길을 따라 예수의 나라로 들어간 사람들이었다. 그들에겐 더 이상 이 땅의 것을 향한 집착이나 탐욕이나 미련이 있을 수 없었다.

오늘날 스스로 예수를 믿는다고 말하는 사람들 중에는 이 믿는 사람들의 모습이 칼 막스의 공산주의와 다를 게 무어냐고 비판하는 이들이 있다. 이런 비판을 하는 사람들은 대개 자본주의 체제를 성경의 체제와 동일시하는 경향이 있다. 그러나 성경은 자본주의를 따를 것이냐 공산주의를 따를 것이냐를 묻지 않는다. 성경은 다만 땅의 질서를 따를 것이냐, 하늘의 질서를 따를 것이냐를 묻는다. 아무리 자본주의라도 그 중심이 하나님보다 마몬에 있다면, 그것은 마귀의 질서일 뿐이다. 여기서 우리는 독일의 실존철학자 칼 뢰비트가 남긴 이 말을 음미할 필요가 있다.

> 공산주의 신념은 유대교나 기독교의 메시아 사상과 비슷한 형체를 갖고 있다. 하지만 공산주의에는 스스로 자신을 낮춰 (인류에

게) 구원을 가져다준 (십자가의) 수난이 승리의 전제라는 기초원리가 빠져 있다. 프롤레타리아 공산주의자는 십자가 없이 왕관만을 얻으려 한다. 그는 이 땅의 번영을 통해 승리를 얻으려 한다.[4]

중요한 것은 "스스로 자신을 낮추어 십자가의 고난을 짊어지신 예수의 길을 따라가느냐"이다. 사도행전이 증언하는 이 믿는 사람들은 예수의 길을 따랐다. 그리하여 모든 이가 하늘나라의 쉼을 누릴 수 있었던 것이다.

여기서 우리가 분명히 짚고 넘어가야 할 사실이 있다. 믿는 사람들이 보여준 삶의 모습이 그들의 힘이나 의지로 이루어진 것이 아니라는 점이다. 그들에게 이런 삶을 가져다 준 것은 하나님이 부어주신 새 영, 새 마음이었다.

새 영이 무엇인가? 예수가 제자들과 함께 계실 때, 아버지 하나님이 아들 하나님인 예수 이름으로 보내겠다고 약속하셨던 "또 다른 보혜사"(요 14:16, 26) 바로 그것이었다. 보혜사는 무엇인가? 보혜사를 가리키는 헬라어 '파라클레토스'는 "어떤 사람을 위해 간구하고 그에게 권면하며 그의 옆에 서서 위로하는 사람"이라는 의미를 갖고 있다. 첫 번째 보혜사는 바로 예수 자신이셨으며, 또 다른 보혜사는 성령이었다. 예수는 그 성령을 일컬어 "세상이 받아들일 수 없는 진리의 영"(요 14:17)이라고 말씀하셨다.

진리의 영인데도 세상이 그 영을 받아들이지 못하는 이유는 두 가지다. 그 영을 이해하지 못할 뿐더러, 그 영을 속속들이 알지도 못하기 때문이다(요 14:17). 그러나 예수의 제자들은 이 영을 알게 된다(요 14:17). 여기서 '안다'는 말은 부부가 한 몸이 되는 것처럼, 자신과 그 영이 한 몸이 되는 것을 가리킨다. 그렇게 한 몸이 될 수 있는 건 그 영이 제자들의 마음을 베고 죄로 물든 묵은 피를 쏟아낸 뒤, 그 안에 들어와 사시기 때문이다.

그런데 예수는 또 그 영이 바로 당신 자신이라고 말씀하셨다(요 14:18-20). 당신 자신이 제자들 마음에 들어와 영원히 살겠다고 말씀하신 것이다. 그렇게 영원히 사시면서 당신이 가르치셨던 내용들을 하나하나 권면하고 설명하며 깨닫게 하심으로 진리의 길로 인도하겠다고 약속하셨다. 그랬다. 예수는 약속대로 믿는 사람들의 마음에 들어와 진리의 길을 깨닫게 하시고 그 길로 이끌어 주셨다. 진리의 길과 정반대에 있는 세상의 길은 결국 모든 인생으로부터 쉼을 앗아 가는 저주의 길임을 알게 하셨다.

예수는 당신을 사랑하는 자만이 당신이 말씀하신 계명을 지킬 수 있다고 이야기하셨다(요 14:15, 23-24). 무슨 말씀인가? 성령은 마음속에 들어와 부드럽게 무엇이 진리의 길이며 쉼의 길인지 속삭인다. 마치 사랑하는 신부에게 속삭이는 신랑처럼 그렇게 권면하고 이야기한다. 신랑을 사랑하는 신부라면 신랑의 말을 들을 것이다. 신랑이 가리키는 방향으로 신랑의 손을 잡고 나아갈 것이다. 하지만 신랑을 사랑하지 않는 신부라면, 나의 길을 고집하며 신랑과 반대 길로 갈 것이다. 그 길은 넓은 길이다. 그러나 그 길은 쉼이 없는 길이요 멸망의 길이다. 옛날 사람들은 이 지구의 끝에 절벽이 있어서 그 곳까지 배를 타고 가면 한없는 나락으로 떨어진다고 믿었다. 사랑하는 신랑 예수의 음성을 믿지 못하는 신부를 맞이하는 곳은 그런 절벽이 될 것이다.

사도행전 2장과 4장은 '쉼의 법'을 성취한 사람들을 가리켜 "믿는 사람들"(행 2:44), "믿는 공동체들(무리들)"(행 4:32)이라고 말한다. 그들은 예수를 믿었다. 그분이 바로 그들에게 참 쉼을 가져다 준 분임을 믿었다. 그분의 가르침과 삶 속에 쉼의 길이 있음을 믿었으며, 그분의 말씀대로 '하나님 사랑, 동포 사랑'의 계명을 지키는 것만이 쉼의 법을 성취하는 길임을 믿었다. 그들에겐 그 믿음이 곧 삶이었으며, 삶이 곧 믿음이었다. 믿음과 삶이 하나였던 것이다. 이들은 쉼이 믿음으로부터 출발한다는 진리를 세상에 보여 주었다. 예루살렘이라는 조그만 성에 겨자씨처럼 뿌려진 새 사람들은, 예수의 말씀처럼, 땅 끝까지 하늘나라의 영역을 넓혀가는 일을 시작했다. 하지만 그것은 동시에 새 사람들이 전파하는 하늘나라의 질서와 마귀가 지배하는 앙샹 레짐(옛 체제, ancien regime)이 사람들의 마음속에서, 교회 안에서, 사회에서, 국가에서 그리고 온 세계에서 충돌하게 될 것임을 알리는 서막이었다.

13

투쟁의 시작

 예루살렘에 있던 첫 공동체는 스데반의 순교와 뒤이은 박해를 계기로 마침내 예수의 가르침을 유대 땅 밖으로 전하기 시작했다(행 8:1). 사마리아와 시리아 지방을 넘어 소아시아와 유럽으로 그리스도 예수의 가르침이 퍼졌다. 각지에 가정을 중심으로 교회가 세워졌고, 이 교회를 중심으로 믿는 사람들의 공동체가 형성됐다. 이에 비례해 더 많은 사람들이 예수를 믿고 새 영의 인도하심을 받아 '섬의 법'을 알게 되었다.

 그러나 모든 일이 순탄하지는 않았다. 믿는 이들은 하늘나라의 시민권을 가진 자였다(빌 3:20). 그들은 믿지 않는 이들과 뒤섞여 살고 있었으며, 이 땅의 질서와 가치는 여전히 많은 사람들 사이에서 진리처럼 인정받고 있었다. 아무리 새 영으로 인도하심을 받는 사람들이라도 땅의 것이 던지는 유혹을 이겨내기란 힘들었을 것이다. 마귀는 성령의 법을 따르려는 마음에 다가와 예수를 시험했을 때처럼 미혹하기 일쑤였다. 어쩌면 예수 때보다 더 교묘하고 그럴듯한 유혹을 던졌을지도 모른다. 바울 사도조차 자신의 마음속에 마귀의 유혹을 물리치려는 엄청난 투쟁이 벌어지고 있음을 고백하지 않았던가?(롬 7:21-24) 그만큼 자신의 세력을 잃지 않으려는 마귀의 저항이 강력했다는 것을 알 수 있다. 실제로 사도들이 남긴 성경의 기록들을 읽어 보면, 예루살렘에서 성취되었던 '쉼의 법'이 무너져 가는 흔적을 찾을 수 있다. 그 중 한 예를 야고보서에서 볼 수 있다.

야고보 사도는 예수 그리스도와 형제지간으로 예루살렘의 첫 교회 공동체를 이끌었던 사람이다. 모세의 율법을 따르는 것이 구원의 조건인가를 놓고 사도와 장로들이 논의를 벌였던 예루살렘 공의회 때, 그는 회의의 결론을 이끌어 냈다(행 15:13-21). 이를 보더라도 야고보 사도가 예루살렘 교회에서 중요한 위치에 있었음을 짐작할 수 있다. 그는 새 영으로 지음 받은 새 사람들이 '쉼의 법'을 성취하는 광경을 분명히 보았을 것이다. 그러나 그가 쓴 야고보서를 읽어 보면, 온 백성으로부터 존경을 받았다던 공동체의 모습은 사라지고 세상과 똑같은 교회의 모습만이 나타나고 있다. 전하는 바에 따르면, 야고보 사도는 주후 62년경에 순교했다고 한다. 그렇다면 그는 예수의 승천 후 약 30년

정도 예루살렘 교회를 이끌었을 것이다. 그가 살아 있을 때 이 편지를 썼을 터이니, '쉼의 법'을 성취했던 '믿는 사람들'은 결국 30년도 되지 않아 다시 쉼을 잃어버린 셈이다.

야고보 사도는 이 서신에서 "너는 네 이웃(동포)를 네 자신처럼 사랑하라"는 계명을 '제왕률(帝王律)'로 불렀다(약 2:8). 그만큼 그 법이 중요함을 말하려는 의도였으리라. 하지만 사도는 교회 공동체가 이 제왕률을 철저히 배반하고 있음을 질타했다. 그는 시련을 당한 고아와 과부를 보살피는 것이 하나님 아버지께 드리는 순결하고 더럽혀지지 않은 예배라고 말했다(약 1:27). 그는 늘 가르치던 교훈을 말하고 있는 것 같지만, 사실은 그렇지 않다. 그 가르침은 가슴 아픈 현실을 향한 목소리이기 때문이다.

야고보서 2장 14-26절은 행함이 없는 믿음은 죽은 것임을 역설하고 있다. 이 말씀 속에서 야고보는 헐벗고 굶주린 형제자매를 입히고 먹이는 것이 아니라 말로만 위로하는 행태를 행함이 없는 믿음의 본보기로 들고 있다. 한 몸인 형제자매라면, 다른 이가 굶주릴 때 함께 배고파하는 것이 마땅하다. 다른 이가 헐벗은 채 추위에 떤다면, 다른 형제자매도 함께 떠는 것이 당연하다. 그러나 야고보 앞에 있는 교회 공동체들은 그렇지 않았다. 말로는 형제자매였으나 실제로는 남남이었다. 배부르게 먹고 마시며 안온한 집에서 기거하는 이들이 굶주리고 헐벗은 고아와 과부들을 찾아가 보살피지 않았다. 사도는 야고보서 5장 1-6절에서 재물을 쌓아놓은 채 사치와 방탕에 물든 이들을 저주하고 있다. 그런 이들이 공동체가 함께 하는 자리에서는 시련당한 형제자매를 생각하는 것처럼 행세했던 것이다. 야고보 사도가 보기에 그것은 불결하고 더러운 예배로 하나님을 모독하는 것이었다(약 1:27을 보라).

이것은 분명 사도행전 2장과 4장이 증언해 주었던 첫 공동체와 전혀 다른 모습이다. 한 몸인 공동체의 모습은 찾아볼 수가 없다. 그뿐이 아니었다. 야고보 사도는 "사람들을 차별하여 대하면서 우리 주 곧 영광의 예수 그리스도를 믿는 믿음을 갖지 말라"(약 2:1)고 명령했다. 형제자매를 차별대우하려거든 아예 믿음을 갖지 말라는 뜻이다.

여기서 주목할 대목은 "우리 주 곧 영광의 예수 그리스도를 믿는 믿음"이라는 표현이다. 예수의 영광은 죽기까지 순종하신 아들에게 아버지 하나님이 주신 선물이다. 하나님은 예수 그리스도를 온 우주 위에 '크신 분'으로 세우셨다(히브리어에서 '영광'과 '크다, 위대하다'는 말이 한 뿌리임은 이미 설명했다). 그 크신 예수를 믿는다는 것은 그분의 가르침에 겸손한 마음으로 복종한다는 말과 같다. 예수는 늘 작은 자, 섬기는 자가 되라고 가르치셨다. 그런 가르침에 복종한다고 말하면서, 공동체 안에서 형제자매들을 차별하는 것은 모순 그 자체다. 마몬과 하나님을 섬기는 것이 양립할 수 없듯이, 섬김의 도를 가르친 예수의 명령과 차별대우는 한 지붕 밑에 살 수 없었다.

그런데 야고보 사도는 이 모순이 현실로 나타난 것을 보고 있었다. 세상에서 잘 살고 힘 있는 자가 공동체 안에서 우대를 받고 가난한 자는 수치를 당하며 업신여김을 받았다(약 2:2-4). 이런 행태는 "낮은 자가 되라"는 예수의 가르침을 내던지고 서로 높은 자가 되고자 발버둥치는 마음과 이어져 있었다. 서로 자기의 높음을 드러내려 하면서 상대방을 비방했다(약 4장을 보라). 섬김의 모습은 사라지고, "너는 네 이웃(동포)을 네 자신처럼 사랑하라"는 '제왕률'은 쓰레기 취급했던 것이다. 이 제왕률이 무너지면 그 누구도 쉼을 누릴 수 없다는 것을 우리는 이미 살펴보았다. 온 백성들로부터 존경을 받았던 쉼의 공동체가 불과 30년 만에 그 쉼을 잃어버린 원인을 어떻게 이해해야 할까? 교회 공동체 안에 있는 사람들은 새 영으로 지으심을 받은 새 사람이 아니던가? 그런 그들이 어떻게 죄에 물들었던 옛 사람들과 똑같은 모습을 보여 준단 말인가?

쉼의 법을 따라 쉼의 길을 가는 것은 사실 고통이다. 세상의 질서, 세상의 가치와 맞서 싸워야 하는 투쟁이기 때문이다. 그 길을 간다는 것은 높은 자가 낮아지며 고고한 자가 겸비한 '아나윔'(마 5:3, 5, 사 61:1)이 된다는 것을 말한다. 부유한 자가 스스로 가난을 택하는 것이며, 고매한 인격자가 자신의 위선을 폭로하는 것이기 때문이다. 쉼의 길로 나아가는 것은 현실의 고통을 수반할 수 있다. 마몬을 추구하던 자가 탐욕을 버리고 자기 소유를 이웃들에게 다 나눠 주려 할 때, 그는 아방궁 같은 대저택에서 초가삼간으로 이사해야 할지도 모른다. 종을 거느리던 상전이 쉼의 길로 나아간다면, 그는 이제 그 종과 함께 떡을 떼며 잔을 나누어야 하는 수모(?)를 감내해야만 할 것이다. 홀로 사는 이는 그나마 나을 수도 있다. 처자를 거느린 이들은 그들을 부양해야 한다는 의무감이나 쉼의 길로 나아가는 것을 싫어하는 처자의 반대에 부딪힐 수도 있다. 실제로 예수는 사람이 예수의 길, 곧 쉼의 길로 나아가는 데 가장 가까운 피붙이가 훼방꾼이 될 수 있다는 것을 말씀하시지 않았던가?(마 10:34-37)

마귀는 이 점을 잘 알고 있다. 그는 예수에게 패배했지만, 아직도 이 땅을 잃지 않으려고 발버둥친다. 그는 더 간교하고 기막힌 속임수로 믿는 사람들에게 접근한다. 이제 그는 예수에게 써먹었던 것처럼, 단순히 권력이나 재물이라는 미끼만을 사용하지 않는다. 가족에 대한 사랑이나 의무, 체면이나 위신, 품위나 인격 등등, 쉽게 피하기 힘든 미끼를 총동원한다. 더욱이 쉼의 길은 의의 길이기에 그 길을 따르려다 불의한 이들의 공격에 시달리는 경우도 너무나 많다. 마귀의 공격은 집요하며 날카롭다. 야고보 사도가 목격한 교회들이 첫 예루살렘 공동체가 성취했던 '쉼의 법'을 따르지 못한 것은 이 마귀의 공격에 무너졌기 때문이다. 이 땅에서 하늘나라의 쉼을 맛보려면 나아가 영원하고 완전한 쉼에 들어가려면, 마귀에 맞서 싸워야만 한다. 야고보 사도나 바울 사도, 베드로 사도가 모두 한 목소리로 "마귀를 대적하라"(약 4:7, 엡 6:11, 벧전 5:9)고 말한 건 그 때문이다.

　이제 투쟁은 시작되었다. 쉼의 길은 그저 평안히 놀고 즐기는 여행길이 아니다. 내가 이 글의 서두에서 성경이 말하는 쉼은 세상이 생각하는 쉼과 다를 것이라고 말한 것은 이 때문이다. 우리는 투쟁하며 쉼을 누린다. 이 땅의 질서와 가치를 거부하느라 힘든 투쟁을 벌이지만, 하늘나라의 가치와 질서를 따르는 가운데 완전한 쉼을 미리 맛본다. 그것이 바로 '그리스도인의 삶'이다. 지금 여기 서 있는 우리도 그리스도인이라면, 이 삶의 법칙에서 벗어날 수 없다. 우리 역시 마귀와 투쟁하며 쉼의 길로 나아갈 것인지 아니면 마귀에게 굴복해 쉼이 없는 멸망의 길로 나아갈 것인지 선택해야만 한다.

14

우리의 쉼, 우리의 투쟁

우리는 하나같이 쉼을 갈망한다. 그런데 이렇게 쉼을 갈망하는 사람들도 두 부류로 나뉜다. 첫 번째 부류는 땅의 가치와 질서를 좇느라 지쳐서 쉼을 갈망하는 사람들이다. 더 많은 돈, 더 높은 지위, 더 큰 명망을 얻으려고 동분서주하다가 피곤하여 쉼을 그리워하는 것이다. 그러나 이들은 영원히 쉼을 얻지 못한다. 그들이 바라는 쉼은 그들이 추구하는 것을 내던지지 않는 한 주어지지 않기 때문이다. 두 번째 부류는 땅의 가치와 질서에 맞서 싸우느라 지친 나머지 쉼을 갈망하는 사람들이다. 이들은 사실 이 땅에서 이미 쉼을 누리고 있다. 이미 하늘의 가치와 질서를 따라 살아가는 하늘나라의 시민이기 때문이다. 하지만 때때로 그들의 마음을 헤집는 마귀의 공격에 맞서 싸우느라 심신이 지치는 경우가 많다. 그 때문에 그들은 자신을 괴롭히는 그 마귀가 완전히 멸망당하고 온 우주가 하나님의 통치에 복종케 될 그 날의 '완전한 쉼'을 갈망하며 살아간다.

하지만 첫 번째 부류의 사람들도 자세히 보면 둘로 나뉜다. 하나는 "몸과 마음이 땅의 가치와 질서에 완전히 사로잡힌 사람들"이다. 성경에 따르면, 이 사람들은 '진짜 벨리아르(마귀의 우두머리, 고후 6:15) 추종자들'이다. 이들은 오로지 그 가치, 그 질서만을 생각하고 그 속에 묻혀 살아간다. 자신들이 "그들 자신을 죽이는 독 가운데 있다(中毒)"는 사실을 전혀 깨닫지 못한다. 이들은 철저히 이 땅에 속한 것들을 자랑한다. 물론 그들이 '쉼'이라고 말하는 것 역시 하나님이 말씀하는 그것과 아무 상관이 없다. 다른 하나는 "땅의 가치와 질서를 따라 살면서도 그런 삶에서 벗어나고 싶어하는 이들"이다. 이 사람들은 '유사(類似) 벨리아르 추종자들'이다. 이들은 벨리아르와 하나님 사이에서 갈등하고 있다. 마음으로는 땅의 질서를 따르지 말라는 하나님 말씀을 따르고 싶어한다. 하지만 그렇게 하자니 삶의 염려와 불안이 엄청난 해일처럼 엄습해 오는 것을 감당치 못한다.

사실 '쉼의 법'은 가혹하다 싶을 정도로 타협 없는 순종을 요구하는 때가 있다. 세례 요한은 "회개에 합당한 열매를 맺으라"(눅 3:8)고 요구했다. 이 때 그는 자신들이 어찌해야 할지 물어오는 군인들에게 "그 어떤 사람도 강압하여 그의 것을 빼앗지 말고 그 누구도 쥐어짜지 말며¹, 너희 급료에 만족하라"(눅 3:14)고 말한다. 여기서 '급료'를 가리키는 헬라어는 용병들에게 주어지는 것을 말하는 '옵소니온'이다. 그 군인들은 유대 분봉왕이 고용한 용병들이었던 듯하다. 헤롯 가문의 분봉왕들은 엄청난 사치를 누리면서도, 용병들에겐 고작 50데나리온을 연봉으로 지급했다. 그 금액은 포도밭 품꾼의 50일분 임금에 불과했다. 50일분 급료로 1년을 살라고 한 것이다. 그 때문에 군인들은 백성들을 수탈해 부족한 생활비를 충당했던 모양이다. 그런데 세례 요한은 당장 그 일을 그만두라고 요구했던 것이다. 어찌 보면 용병들에게 굶어죽으라는 소리나 마찬가지였다. 군인들은 엄청난 갈등을 겪었을 것이다. 많은 현대인들 역시 이런 갈등 상황을 겪고 있는지 모른다. '유사 벨리아르 추종자들'은 이런 상황 속에서 갈등하다가 결국 삶의 현실 앞에 백기를 들고 이 땅의 가치와 질서에 자신의 몸을 내맡긴다. 그러다보니 역시 '쉼'을 누리지 못한다.

  나는 오늘날 많은 그리스도인들이 이런 형편이 아닐까 생각한다. 그래도 처음에는 하나님 아버지를 믿지 못하고 땅의 것을 의지하려는 자신을 질책한다. 그 때문에 미약하긴 하지만 땅의 것을 향한 집착을 버리고 아버지께 자신의 삶을 내맡기려 시도한다. 그러나 이내 "아차, 이건 아닌데!"라는 생각과 함께 다시 땅의 가치와 질서를 따르는 삶으로 돌아간다. 하늘의 질서를 따르다보니, 자신이나 자신의 가족만이 낙오자가 되는 것처럼 보이기 때문이다. 그러다 결국 아예 갈등을 접고 땅의 것을 따르기로 결심하고 만다. 이 때부터 그는 "내가 잘 살고 내가 잘 되는 것이 하나님의 영광이요 하나님이 바라시는 것"이라는 논리를 적극 펼치게 된다. 이 단계에 이르면, 그는 이미 하나님과 아무 상관없는 사람이 된다. 영원하고 완전한 쉼은 더 이상 그의 것이 아니다. 결국 유사 벨리아르 추종자들도 진짜 벨리아르 추종자가 되는 셈이다.

우리는 여기서 한 가지 의문을 품게 된다. 사람들은 왜 쉼을 갈망하면서도 예수가 알려 주신 쉼의 길을 따라가지 못하는 걸까? 쉼의 길을 몰라서 그런가? 아니다. 사람들은 잘 알고 있다. 예수가 말씀하셨던 것처럼, 쉼의 길이 무엇인지 가르쳐 주실 '또 다른 보혜사'가 이미 2천 년 전 이 땅에 오셨다. 그리고 그 보혜사가 영원히 우리와 함께 계실 것이라는 그분의 말씀처럼(요 14:16), 그 보혜사는 지금도 우리 안에 들어와 계신다. 그는 변함없이 예수가 말씀하셨던 쉼의 길을 우리에게 일러 주시고 우리로 하여금 그 길을 따라가도록 설득하신다. 아울러 그 쉼의 길이 우리에게 가장 좋은 것임을 깨우쳐 주신다.

그런데 왜 우리는 아직도 땅의 것에 매인 채 살아가는 벨리아르 추종자들의 삶을 벗어나지 못하는 건가? 이유는 간단하다. 하늘의 하나님이 진정 우리에게 좋은 것을 주시는 우리 아버지이심을 믿지 않기 때문이다. 예수는 이렇게 말씀하셨다.

"악한 자도 자신의 자식에게는 좋은 것으로 줄줄 안다. 하물며 하늘에 계신 너희 아버지께서 구하는 자에게 좋은 것으로 주시지 않겠느냐?"(마 7:11).

그러나 대부분의 그리스도인들은 이 말씀을 듣고 이렇게 이야기한다. "예수님, 거짓말 그만 하세요. 내가 아무리 구했어도 아버지라는 그분은 대꾸조차 안 하시더군요." 과연, 아버지는 대답하지 않으신 걸까? 아니다. 그분은 대답하셨다. 그들이 구한 것을 허락지 않기로 대답하셨을 뿐이다. 그렇다면 왜 그분은 허락하지 않으셨을까? 그리스도인들이 구하는 그것이 그들에게 가장 좋은 것이 아니기 때문이다. 하나님 아버지는 늘 가장 좋은 것을 주시려고 하신다. 때문에 아버지는 응답하시지 않은 거다.

자녀는 분명 그렇게 기도했을 것이다. "아버지, 이번에 꼭 제 소원을 들어 주소서. 그리하여 아버지의 영광을 온 세상에 드러내게 하소서." 하지만 그 소원이란 것을 뜯어 보면, 거의 대부분 땅의 것이다. 아버지는 그렇게 기도하는 자녀가 땅의 것에 집착하느라 쉼을 누리지 못하고 있음을 아신다. 아버지는 오히려 자녀가 모든 것을 주시는 아버지만을 믿고 땅의 것에 매이지 않는 쉼을 누리길 소망하신다. 그러기에 예수는 '이방인의 염려'를 떨쳐버리라고 말씀하셨던 것이다(마 6:19-34). 그런데도 우리는 이런 아버지를 믿지 못한다. 따지고 보면, 우리는 쉼을 누리지 못하는 것이 아니라 스스로 쉼을 누리길 포기한 것이다.

우리 인생이 벨리아르의 추종자 노릇을 하는 건 무엇이 정말 좋은지 알지 못하는 까닭도 있다. 하늘의 아버지가 좋게 여기시는 것과 우리가 좋게 여기는 것이 다르다는 말이다. 사실은 이 때문에 예수가 우리에게 오셔서 천국이 무엇인지 가르치셨다. 또 다른 보혜사 성령이 우리 안에서 일러 주시는 지식도 참 좋은 것이 무엇인가 하는 것이다.

우리는 무엇이 좋은 것이라고 여기는가? 그것은 대부분 '내게 좋은 것'이다. 하나님도 마찬가지다. 하나님도 '하나님께 좋은 것'을 좋게 여기신다. 하지만 하나님과 우리 사이에는 중요한 차이가 있다. 그분에게는 사랑이 있지만, 우리에겐 없다. 때문에 하나님은 자신의 독생자를 버려서라도 마귀의 수하에 놓인 죄인들을 구해 내는 게 좋다고 여기셨다. 반면 우리는 그런 일을 꿈조차 꾸지 못한다. 하나님은 신의 자리를 버리고 인간으로 내려오셨지만, 우리 인간은 그런 일을 어리석게 여길 뿐이다.

마귀의 우두머리 벨리아르는 이를 잘 알고 있다. 그 때문에 그는 '내게 좋은 것'을 들이밀며 자신을 따르라고 요구하는 것이다. "자, 아들을 좋은 대학에 보내려면 좋은 학군으로 이사 가서 좋은 과외를 받아야 할 것 아니겠소? 그래야 당신 아들의 삶이 편해질 것 아니오? 그러니 눈 딱 감고 촌지가 들어오거든 받아 두어요. 월급 갖고 어떻게 그 교육비를 감당해요?"

그뿐인가? 이런 감언이설은 수없이 많다. "자, 세금 떼어먹고 사업하는 사람이 한둘이요? 걱정 말고 대범하게 일해요. 다 그렇게 사는데, 왜 괜히 혼자서 의로운 체해서 바보가 되려고 그래요? 그래서 언제 자수성가하겠어요?" 그런가 하면, 이런 논리도 있다. "어차피 자본주의 사회에서는 자기 능력대로 사는 것 아니겠소? 능력이 있어서 고대광실에 살고 능력이 없어서 좁은 집에 사는 걸 누굴 탓하겠소? 안 그래요? 내가 능력이 있어서 집 몇 채 갖겠다는데 무슨 문제란 말이오? 사람 위에 사람 없고 사람 밑에 사람 없다는 말은 말짱 거짓말이오. 절대 속지 마시오. 당신도 괄시당하지 않으려면, 무슨 수를 써서라도 위에 있는 사람이 되시오. 그게 잘 사는 길이오."

그러나 마귀가 '내게 좋은 것'이라고 말한 것을 그대로 따라 산 결과를 보라. 과연 그게 좋은 것이었는가? 처음에는 내게 좋은 듯하더니 결국 온 공동체가 무너지고 마침내 나까지 모래수렁에 빠져든 것이 오늘 우리의 모습 아닌가?

그러나 '하나님께 좋은 것'은 어떤가? 성령은 우리에게 다가와 그것을 알려 주신다. "이것 보게. 자네가 그 기업체로부터 촌지를 받으려던 것을 그만 두게. 생각해 보게나. 그 촌지가 어디서 나왔겠나? 결국 기름때 묻혀 가며, 때로는 기계에 손가락도 잘려 가며 일한 노동자들의 피땀에서 나온 것이 아니겠나? 자네가 그걸 받지 않으면 그만큼 그 노동자들의 식탁이 달라지지 않겠나?" 그런가 하면, 이런 음성도 들린다. "그래, 잘했네. 자네가 그 집 딸 학비까지 대주기로 했다지. 참 잘한 걸세. 자네도 박봉인데. 하지만 자네는 그 덕분에 딸 하나 얻은 걸세. 훗날 보게나.

자네가 참 부자라는 걸 알게 될 테니."

성령은 '하나님께 좋은 것'이 '내게 좋은 것'임을 알려 주신다. 하나님은 무엇을 좋아하시는가? 그분은 당신의 피조물인 사람이 당신을 믿고 사랑하는 걸 좋아하신다. 그 사람들이 옆에 있는 동포를 자신의 몸처럼 사랑하는 걸 좋아하신다. 그 때문에 하나님은 이 두 가지를 사람들에게 꼭 지키라고 요구하시는 것이다. 그것이 사람들을 평안한 쉼으로 인도해 주기 때문이다.

모든 이가 자기에게 좋은 것만을 추구하다 보면 결국 공동체가 파멸을 맞게 된다는 것을 인류의 역사는 웅변으로 증명하고 있다. 때문에 인류는 그 파멸을 막아 보려고 온갖 수단을 강구한다. 때로는 제도로, 때로는 혁명과 같은 비상수단으로 모든 이가 쉼을 누릴 수 있는 길을 찾으려 애쓴다. 그러나 그것이 소용이 없었다는 것 역시 인류는 역사의 경험으로 잘 알고 있다.

1789년 7월 14일, 프랑스 민중들은 바스티유를 습격했다. 혁명의 원인이 되었던 탐욕과 부패의 화신인 귀족들과 성직자들이 쫓겨나고 혁명 지도자들이 전면에 등장했다. 이들은 자유와 평등과 사랑을 외쳤지만, 불과 4-5년 만에 그 중심 지도자들도 단두대의 이슬로 사라진다. 왜 그랬을까? 그들 역시 자기에게 좋은 것을 찾았기 때문이다. 그 유명한 혁명지도자 조르쥬 자크 당통도 혁명 초기에는 평민의 벗임을 자부하더니, 권력을 잡자 이내 귀족티를 내며 그의 성(姓) '당통(Danton)'을 귀족식인 '당통(d

Anton)'으로 바꿨다. 무엇을 말하는 것인가? 아무리 훌륭한 혁명이라도 자기에게 좋은 것을 추구하는 인간의 내면은 바꾸지 못한 것이다. 오늘날도 사회의 약자들에게 골고루 쉼이 돌아가야 한다는 취지에서 온갖 제도를 고안한다. 하지만 중요한 건 제도가 아니다. 문제는 '하나님께 좋은 것'이 '내게 좋은 것'이라는 인식을 모든 이가 공유해야 한다는 것이다. 이런 인식의 공유가 없으면 아무리 좋은 쉼의 제도라도 무용지물일 뿐이다. 독일의 신학자 디트리히 본회퍼는 이런 말을 했다.

> 우리가 우리의 떡을 공동체와 더불어 먹는 한, 우리는 가장 적은 양으로도 만족하게 될 것이다. 어떤 사람이 자기 자신의 떡을 자신만을 위해 지니려고 하는 곳에서 바야흐로 굶주림은 시작된다. 그것이 바로 하나님의 독특한 법이다. 두 마리의 물고기와 떡 다섯 개로 오천 명을 먹인 이적 기사는 다른 많은 의미 이외에 이런 의미도 갖고 있는 게 아닐까?[2]

혼자서 떡을 독차지하려는 사람은 '내게 좋은 것'만을 찾는 사람이다. 그러나 내가 가진 떡을 모든 사람과 함께 나누는 사람은 '하나님께 좋은 것'을 바라는 사람이다. 온 공동체가 배고픔에서 벗어나는 길은 콩 한 쪽도 나눠먹는 마음에서 시작된다. 그것이 "내 동포를 내 몸과 같이 사랑하라"는 계명의 실천이다.

나는 이 시대의 그리스도인들이 '내게 좋은 것'만을 추구하는 풍조에 깊이 빠져 들고 있음을 염려한다. 그건 비단 이 땅의 것에 집착하면서, 재물과 권력과 명예와 학식에 매달리는 이들만을 가리키지 않는다. 최근에는 이런 것을 추구하는 삶에 지친 나머지, '쉼'을 얻는다는 명목으로 자기 경건과 수양을 추구하는 모습이 나타나고 있다. 각종 묵상이나 영성 훈련이나 명상 프로그램 같은 것이 그 예다. 심지어 그리스도인이라는 이들 중에도 신앙의 여정에서 가장 중요한 목적은 자신의 평안이라고 대답하는 이들이 많다. 하지만 과연 이 모든 것이 '하나님께 좋은 것'일까? 오히려 그 대부분은 역시 '내게 좋은 것'을 추구하는 것이 아닌가?

하나님은 '쉼'을 얻고자 자기만의 세계로 도망하는 것을 원하지 않으신다. 설령 자기만의 세계로 침잠해 들어간다 해도 거기에는 참 쉼이 없다. 예수는 인간 안에 쉼이 없다는 것을 분명히 말씀하셨다. 오히려 하나님은 모든 인간이 그 얼굴을 좌우로 돌려보기 원하신다. 그렇게 얼굴을 돌려 내 옆에 누가 어떤 형편에 있는지 살펴보기 원하신다. 그렇게 살펴서, 굶주리는 자가 있으면 그에게 쌀과 밥해 먹을 물과 밥해 먹을 취사도구와 그릇과 반찬과 숟가락과 젓가락을 가져다주기 바라신다. 헐벗은 자가 있으면, 그에게 옷을 가져다주고 침구를 가져다주기 바라신다. 기이하게도 그렇게 '내게 좋은 것'을 버리고 '하나님께 좋은 것'을 찾기 시작하면, 쉼의 길이 열리기 시작한다. 진정 쉼을 원하는 그리스도인이라면 '하나님께 좋은 것'이 무엇인지 성찰하는 작업부터 시작할 줄 알아야만 한다.

성경과 더불어 내 신앙의 양심을 혹독하게 질타한 책이 여럿 있었다. 그 중 하나가 일본의 실천신학자요 노동운동가이며 빈민운동가인 가가와 도요히꼬(賀川豊彦) 선생의 「나는 왜 크리스천이 되었는가?」다. 선생은 책 속에서 자신으로 하여금 예수의 사랑을 알고 예수를 따르는 삶을 살도록 만든 것이 바로 선교사인 마야스 박사의 사랑이었다고 말한다. 가가와 선생은 첩의 아들이었다. 그 때문에 집에서 버림받았던 그는 학생 시절에 심한 폐결핵에 걸려 죽음의 고비를 맞는다. 그런데 마야스 박사는 전염의 위험을 무릅쓰고 한 방에서 같이 기거하며 그를 돌본다. 가가와 선생은 이 사랑에 감복해 예수를 영접했다고 고백한다.

훗날 가가와 선생은 군국주의 일본의 무분별한 침략 전쟁 때문에 소외를 당한 빈민들을 돌보는 데 온 힘을 바친다. 그는 매 끼니 두부된장국에 김 하나로 만족했다. 심지어 침구도 담요 하나뿐이었는데, 길에서 만난 걸인에게 그 절반을 찢어주었다고 한다. 더 놀라운 것은 아예 그 담요를 전부 주지 못하고 자신이 덮을 반쪽을 남겨 놓은 걸 후회했다는 점이다. 그는 천황제에 반대하다 반역자로 몰려 고초를 겪기도 했다. 하지만 그의 진심을 아는 많은 지식인들은 그의 행동이 어디에서 나온 것인지 알았기에 그를 염려하며 성원했다고 한다.

최근에 다큐멘터리 〈디스커버리〉 채널에서 가미가제 특공대 이야기를 방영한 적이 있다. 그 속에서 가미가제 특공대인 한 조종사가 출전하기 전에 남긴 일기가 공개되었다. 그런데 놀랍게도 그는 그 일기 속에서 옥에 갇힌 가가와 선생의 안전을 염려하며 선생이 무사히 풀려나길 기도하고 있었다. 그러나 가가와 선생처럼 얼굴을 좌우로 돌려 '하나님께 좋은 것'을 찾는 이는 오늘날 너무나 적다. 바로 그것 때문에 우리는 모두 쉼이 없는 나락 속에 살고 있는지도 모른다.

그러나 나는 삶의 염려와 불안 때문에 결국 땅의 것을 따라가려는 '유사 벨리아르의 추종자들'에게 간곡히 권하고 싶다. 여러분에게 주어질 완전한 쉼이 가까이 다가오고 있다. 그 쉼이 이르기까지 견고하게 흔들리지 말자. 그렇다. 마귀는 정말 악랄하게 우리를 흔들어 댄다. 그는 온갖 방법을 동원해 우리를 무너뜨리려 한다. 히브리서의 저자는 "우리가 하나님의 쉼에 들어갈 약속을 받았다 할지라도 그 쉼에 들어가지 못할까봐 두려워하라"(히 4:1)고 말한다. 우리가 비록 쉼으로 인도하시는 하나님의 말씀을 들었다 할지라도 믿음 가운데 있지 아니하면, 그 쉼에 들어갈 수 없기 때문이다(히 4:2, 3:12-14).

오늘날 우리 가운데 쉼이 없다고 말한다면, 그것은 우리의 믿음 없음을 고백하는 것과 다를 바 없다. 그것은 곧 그리스도의 십자가를 헛된 것으로 돌리는 것밖에 되지 않는다. 죄의 종에서 해방된 자가 다시 제 발로 죄의 집에 들어가 종노릇 한다면 얼마나 우스운 일인가? 우리는 투쟁할 수밖에 없다. 이미 예수가 투쟁하셨고 믿음의 선배들이 투쟁했다. 마귀와 투쟁하셨고 마귀의 유혹에 넘어가려는 연약함에 맞서 투쟁했다. 이 시대는 분명 "바른 교훈을 거부하고 자기의 사사로운 욕심만을 채워줄 스승들의 말만을 따르며 진리에 귀를 기울이지 아니하는 때"(딤후 4:3-4)다. 예수는 우리에게 십자가의 길을 따르도록 말씀하신다. 그러나 분명히 알 것은 그 길이야말로 아버지가 우리에게 주시는 가장 좋은 것이며 영원한 쉼의 길이라는 것이다.

하지만 나는 시간이 흐를수록 더 많은 그리스도인들이 '유사 벨리아르의 추종자' 대열에 합류하는 게 아닌지 두려운 생각이 든다. 이와 관련해 여기서 꼭 짚고 넘어갈 것이 있다. 교회가 각성해야 한다는 점이 바로 그것이다. 쉼으로 나아가는 길은 그리스도의 몸인 교회를 이루는 형제자매들이 함께 가야 할 길이다. 히브리서 저자는 "형제들 가운데 죄의 유혹에 넘어가는 이가 없도록 날마다 형제들끼리 서로 권면하라"(히 4:12-13)고 명령한다. 악이라는 병원균은 너무 강력해 조그만 것이 온 몸을 죽이기 때문이다. 우리는 말씀 가운데에서 그 증거를 본다. 하나님의 약속을 믿지 못한 열 명의 정탐꾼 때문에 이집트에서 나온 많은 백성이 가나안이라는 '쉼'을 얻지 못하고 광야에서 죽었다(히 4:18, 신 1:34-35, 민 14:26-35). 형제자매 중에 하나가 넘어지기 시작하면 다른 이들도 계속해 넘어지는 도미노 반응이 일어나는 것이다.

그리스도는 이 땅에 쉼을 베푸시고 쉼의 길을 가르치셨다. 이제는 이 땅에 있는 그분의 몸인 교회가 이 땅에 쉼을 베풀고 쉼의 길을 가르쳐야 할 때다. 그것은 곧 교회가 하늘의 질서와 가치를 선포하며 실천하는 곳이 되어야 한다는 말이다. 요한계시록을 펼치면, 예수 그리스도가 일곱 교회에 보내는 말씀들이 두 장에 걸쳐 등장한다(2-3장). 그 가운데 교회의 주인이신 그분으로부터 칭찬만을 들은 교회는 단 두 곳뿐이다. 서머나와 빌라델비아 교회다. 그 중에서도 특히 빌라델비아 교회에 주시는 칭찬의 말씀을 경청해 보자.

나는 네 행위를 안다. 보라, 내가 (이미) 네 앞에 열린 문을 두었은즉, 아무도 그것을 닫을 수 없다. 네가 적은 능력을 가졌는데도 내 말을 따르며 내 이름을 부인하지 않았기 때문이다(계 3:8).

어쩌면 빌라델비아 교회는 작은 교회였으나 큰 핍박을 당했는지도 모른다. 아니면 세상으로부터 밀려 드는 유혹에 맞서 힘든 투쟁을 벌였는지도 모른다. 아무튼 여느 교회라면 쉬이 무너졌을 시련 속에서 빌라델비아 교회는 예수 그리스도의 말씀을 지키며 예수를 부인하지 않았다. 어쩌면 그 일로 큰 희생을 치렀을 것이다. 예수는 빌라델비아 교회의 행위를 잘 알고 계신다. 때문에 그분은 이미 영원한 쉼이 있는 그 나라에 '빌라델비아 교회 전체'가 들어갈 문을 열어 놓고 기다리신다.[3] 더욱이 이제는 어느 누구도 그 문을 닫을 수 없다. 교회 중에 한 부분이 무너진다면, 교회 전체가 영원한 쉼에 들어가지 못하는 것이 하늘의 이치다. 온 교회가 각성해야 할 까닭이 바로 여기에 있다. 쉼은 개인의 문제이기 전에 공동체 전체의 과제다.

닫는 글

쉼의 길로 가자

하나님은 쉼을 잃어 버린 인류와 온 우주에게 쉼을 되돌려주시고자 당신의 쉼을 포기하시고 일해 오셨다. 그 과정에서 우리를 죄의 종에서 해방시켜 주시고 죄과를 뉘우치며 겸비하게 돌아오는 우리를 다시 자녀로 맞아 주셨다. 더욱이 우리 마음에 새 영을 부어 우리를 아예 새 사람으로 바꿔 놓으셨다. 지금 여기 서 있는 우리가 바로 새 사람이다. 그러나 우리는 아직 영원하고 완전한 쉼에 이르지 못했다. 여전히 영원한 쉼으로 나아가는 쉼의 길을 걸어야 할 존재들인 것이다. 쉼의 길은 아버지 하나님을 알고 그분을 믿는 것에서 출발한다. 그 길은 그분의 말씀대로 살아가는 여정이다. 그러나 결코 평탄하지 않다. 어떻게든 우리를 다시 자신의 종으로 돌려 놓으려는 마귀와 투쟁해야 하기 때문이다. 그러기 때문에 그 길은 좁은 길이요 십자가의 길이다. 땅의 것을 생각한다면 그 길을 갈 수 없다. 하지만 하늘의 것을 생각한다면 그 길을 갈 수 있다. 그 길을 꿋꿋이 걸어 나가면 우리는 영원한 쉼이 기다리는 광장에 다다르게 될 것이다. 나아가 우리를 괴롭혔던 그 마귀가 멸망당한 새 땅, 새 하늘에서 완전한 쉼을 누리게 될 것이다.

나 자신 이 글을 쓰는 동안 쉼의 길을 간다는 것이 얼마나 힘든지 다시 한 번 절감했다. 그동안 끊임없이 핍절한 삶을 살았지만 올해는 더욱 그러했다. 더욱이 전셋집이 재개발로 헐리게 되면서 이사 갈 집을 구해야 했지만, 턱없이 올라버린 전셋값은 감당할 방법이 없었다. 여러 달을 고생해 간신히 이사 갈 집을 구했다. 그 여러 달 동안, 어려운 형편 때문에 가끔씩 마몬에 마음이 쏠리는 내 자신을 보며 얼마나 놀라고 두려웠는지 모른다. 그 여러 달 중 두 달은 아예 생활비마저 없었던 때가 있었다. 그럴 때, 처자를 바라보면 그저 민망하고 미안할 뿐이었다. 마귀는 대개 그런 심정을 파고드는 것 같다.

나 역시 투쟁하는 삶을 살고 있다. 이 투쟁은 힘들고 외롭다. 아마 그 때문에 우리는 하늘의 아버지께 "우리를 시험에 들지 말게 하시고 다만 악에서 구해 주소서"라고 기도하는지 모르겠다. 예수는 우리가 이렇게 힘들어 할 것을 미리 아시고 아버지께 힘을 구하도록 가르치셨던 것이다.

그리스도인들이여, 우리 안에는 보혜사가 계신다. 우리를 쉼의 길로 인도하시며 투쟁에 지친 우리를 위로하시는 그분이 우리 안에 계신다. 저 위에는 우리를 바라보시는 아버지가 계신다. 우리에게 지극히 좋은 것으로 주고자 하시며 늘 우리와 동행하시는 아버지가 계신다. 독일의 철학자 이마누엘 칸트는 그렇게 자신의 묘비명에 새겨 놓았다. "저 하늘에는 반짝이는 별, 내 마음 속에는 빛나는 도덕법칙!"

그리스도인들이여, 온 교회여, 우리는 우리 마음에 이런 구호를 새겨 넣고 이 쉼의 길, 십자가의 길을 함께 헤쳐 나가자. "저 하늘에는 우리를 인도하시는 우리 아버지, 우리 마음속에는 빛나는 쉼의 법!"

미주

1장

1. 마태복음 11장 28절의 헬라어 본문을 단어의 뉘앙스와 문법을 고려해 재구성해 보았다.
2. Meister Eckhart, Vom Wunder der Seele(Stuttgart: Phillip Reclam jun. 2005), 55.
3. Helmut Thielicke, Das Gebet, das die Welt umspannt(Stuttgart: Quell, 1983), 163.
4. Dietrich Bonhoeffer, Die Antwort auf unsere Fragen(Gütersloh: Gütersloher Verlagshaus, 2002), 9.

2장

1. Girolamo Savonarola, Esposizione del Pater Noster(Bologna: ESD, 1994), 27.

3장

1. 히브리어 본문에서 다시 옮겨 써보았다. 중간에 나오는 "그 여자에게 이르시되"와

"또 아담에게 말씀하시되"는 생략했다. 괄호안의 말은 문맥을 더 부드럽게 하고자 저자가 덧붙인 것이다.

2. 앙드레 모로아, 프랑스사, 신용석 역(서울: 홍성사, 1985), 61.
3. wathekhasserehu mheat me Elohim. 직역하면, "하나님 당신은 그를(사람을) 하나님보다 조금 부족하게 하셨습니다." 히브리어 성경에는 이 본문이 시편 8:6에 기록되어 있다. 개역한글판은 "저를 천사보다 조금 못하게 하셨다"고 번역해 놓았으나, 개역개정판은 히브리어 본문대로 "그를 하나님보다 조금 못하게 하셨다"고 번역해 놓았다.
4. wekibeshuha. "khabash"라는 히브리어는 "무언가를 자신의 통치권 아래 두다, 무언가를 억누르다"라는 뜻을 갖고 있다.
5. 보에티우스, 철학의 위안, 정의채 역(서울: 성 바오로 출판사, 1983), 22.

4장

1. 개역개정판은 "wayyare Elohim khi-tob"라는 이 말씀을 "하나님이 보시기에 좋았더라"고 옮겨놓았다.
2. wehinneh-tob meod.
3. weraim hayu yemey sheney khayyay. 이 본문에서는 주어가 복수형이기에, "악하다"는 서술어도 ra의 복수형인 raim이 쓰였다.
4. 개역개정판이 창세기 25:34에서 "팥죽"으로 번역해 놓은 것은 사실 렌즈콩 요리다.

5장

1. 헬라어 본문을 보면, 아버지와 아들 예수가 "일하신다"는 말이 모두 현재시상 동사인 "ergazetai, ergazomai"로 되어 있다. 헬라어의 현재시상은 단순히 현재시제를 가리키는 것이 아니라, 어떤 동작이 계속된다는 것을 말한다. 아버지와 아들의 일하심은 지금도 계속되고 있다.

6장

1. ton arton hemon ton epiousion dos hemin semeron. "여기서 살아가는 데 필요한" 이라고 번역한 헬라어 형용사 'epiousios'의 의미와 어원은 분명하지 않다. 1세기만 해도 이 말은 임박한 종말론의 관점에서 "구원이 임할 미래의" 또는 "내일의"라는 의미로 해석했다고 하나, 오리게네스(185-254)에 이르러 "여기서 살아가는 데 필요한"이라는 의미로 이해되기 시작했다고 한다. Horst Balz/Gerhard Schneider(hrsg.), Exegetisches Wörterbuch zum Neuen Testament II (Stuttgart: W. Kohlhammer, 1981), 79-81.

2. 예수가 기도를 가르치고 계신 마태복음 6:5-15에서 다른 구절에는 모두 '너희'라는 복수가 쓰였으나, 오직 6절만은 '너'라는 단수를 쓰고 있다.

3. 히브리어 성경은 '만나'를 '만'(man, 출 16:31, 수 5:12)이라고 기록해 놓았다. 그러나 구약을 헬라어로 번역한 70인경은 이 '만'(man)을 '만'(man, 출 16:31) 또는 '만나'(manna, 수 5:12)로 기록해 놓았으며, 라틴어 성경인 불가타 역시 '만'(man, 출 16:31) 또는 '만나'(manna, 수 5:12)로 기록했다.

4. A. J. Heschel, Who is Man?(Stanford: Stanford University Press, 1965), 46-47.

7장

1. Gordon. J. Wenham, Numbers(Leicester: IVP, 1990), 192.

2. lo thakhemod … wekol asher lereeka. 개역개정판은 히브리어 "rea"를 '이웃'으로 번역했으나, 이 말은 그보다 더 넓게 "자기 지파에 속한 친족"이나 "자기 동포(同胞)"라는 의미를 갖고 있다.

3. oti maasu mimmelok aleyhem. "maas"라는 동사는 "어떤 것에 적대감을 품고 그것을 배척한다, 집어 던진다"는 의미를 갖고 있다.

4. 헨리 조지(Henry George), 진보와 빈곤, 김윤상 역(서울:비봉출판사, 2005), 334.

5. J. A. Soggin, Storia d'Israel(Brescia: Paideia Editrice, 2002), 254.

6. Martin Noth, Die Welt des Alten Testaments(Berlin: Alfred Töpelmann, 1962), 86-89.

8장

1. '요벨'(yobel)은 본디 숫양의 뿔로 만든 나팔을 말한다. 희년에는 이 나팔을 불었다(레 25:9).
2. 개역개정판이 '뜻'이라고 번역한 이 말은 히브리어로 '네페쉬'(nepesh)다. 이 말은 신명기 30:6에 나오는 '생명'(khay)이라는 말과 함께 하나님의 인간 창조를 설명하는 창세기 2:7에 그대로 등장한다. 이 두 구절을 비교하며 읽어보라.

4부

1. hu yeshupeka rosh. "yeshup"라는 히브리어 동사는 "shwp"라는 기본형에서 나왔다. 그런데 이 말은 개역개정판이 말하고 있는 것처럼 그저 "상하게 하다"라는 의미가 아니라, "가루가 될 정도로 밟아서 으스러뜨리다"라는 의미를 갖고 있다.

9장

1. ho peirazon. "peirazo"라는 헬라어 동사는 "어떤 것이 과연 그런지 검증하려고 시험해보다, 그릇된 길에 빠뜨리려고 유혹하다"라는 뜻이 있다.
2. al-khol-mocha pi-YHWH ikheweh haadam. 본디 신명기 8:3에는 이렇게 기록되어 있다. "여호와의 입에서 나오는 모든 것으로 사람은 살 것이다"라는 뜻이다.
3. Adolf Schlatter, Das Evangelium nach Matthäus(Stuttgart: Calwer, 1977), 41.
4. eth-YHWH eloheyka thira weotho thaabod wubishemo thishshabea. "thira"라는 동사의 기본형인 "yr"는 "벌벌 떨며 무서워하다"는 뉘앙스를 담고 있다. "그 정도로 하나님을 두려워하라"는 말씀이다.

10장

1. 개역개정판이 이사야 61장 1절에서 "가난한 사람들"이라고 표현한 히브리어 "anawim"은 사실 "하나님을 자신의 주인으로 섬기는 종의 심정으로 하나님께 복종하는 자들"을 가리키는 말이다. 예수가 산상설교에서 "심령이 가난한 자들(hoi ptokhoi to pneumati)"(마 5:3)이라고 표현하신 사람들이 바로 이사야 61장 1절의 "아나윔"이다.

2. 메시아는 "기름부음을 받은 자"라는 뜻이다. 본디 히브리어로 "마쉬아흐(mashiakh)"다. 이는 "기름을 부어 구별하다"라는 뜻을 가진 동사 "mashakh"의 수동분사 형태다.

3. "마몬(mamon)"은 아람어로 "재부, 번영"을 뜻하는 말이다.

4. 모세의 법에 따르면, 장남은 두 몫을 받게 되어 있었다(신 21:17). 아들이 둘이라면, 장남은 유산의 3분의 2, 차남은 3분의 1을 상속하도록 되어 있었다. Joachim Jeremias, Die Gleichnisse Jesu(München: Siebenstern Taschenbuch Verlag, 1969), 87.

5. "율법과 선지자들(ho nomos kai hoi prophetai)"은 구약을 가리키는 말이다. 여기에 "시편 또는 성문서"를 덧붙여 말하면 좀 더 완전한 표현이 된다. 실제로 히브리어 성경의 표제는 "토라(율법), 선지자들 그리고 문서들(thora nebiim wechithubim)"이다.

6. Horst Balz/Gerhard Schneider(hrsg.), Exegetisches Wörterbuch zum Neuen Testament III(Stuttgart: W. Kohlhammer, 1983), 835-836.

7. 헬라어 원문에 쓰인 동사 "epeskepato"는 "도울 목적으로 방문하다, 보살피다"라는 뜻을 지닌 "episkeptomai"의 부정과거형이다.

11장

1. 조규창, 로마형법(서울: 고려대학교 출판부, 1998), 171-172.

2. Elohi Elohi lema shepaqethani. 아람어로 "나의 하나님, 나의 하나님, 왜 나를 버리십니까?"라는 뜻이다. 히브리어로 옮기면, "엘리, 엘리, 라마 아잡타니(Eli Eli lamah azabethani)"다.
3. 아람어 본문을 직역했다. "날들이 오래된 그분"은 아람어로 "attiq yomayya'"인데, 개역개정판은 "옛적부터 항상 계신 이"라고 의역했다. 개역개정판이 "다른 언어를 말하는 모든 자들"이라고 번역한 말은 아람어 본문에서 단지 한 단어인 "lishshanayya'", 곧 "그 혀들"로 표현되었다.

12장

1. asherey sheyyokhez wenippetz eth-olalayik el-hassala. 맨 앞에 나온 asherey는 "…하는 이에겐 복이 있도다"라는 뜻이다. 히브리어 본문에는 '움켜쥐다'라는 뜻을 지닌 동사 'akhaz'와 "무언가를 무엇에 때려 질그릇 부수듯 박살내다"라는 뜻을 가진 강조형 동사 'nippetz'가 분명하게 나타나 있다. 독일 출신의 팝 그룹 보니 엠(Boney M)은 시편 137편에 곡을 붙여 〈Rivers of Babylon〉이라는 노래를 불렀다.
2. eikhon hapanta koina. 'eikhon'은 '가지다, 소유하다'의 뜻을 지닌 헬라어 'ekho'의 3인칭 복수 미완료 시상이다. 미완료는 과거부터 시작된 일이 아직 완료되지 아니한 채 계속되고 있음을 말한다. 'hapanta'는 '모든 것'을 뜻하는 'hapan'의 복수 목적격이다.
3. 여기서 '음식을 먹다'로 번역된 헬라어 동사 'metalambano'는 '자기 몫을 가지다'라는 뜻도 있다.
4. Karl Löwith, Weltgeschichte und Heilsgeschehen(Stuttgart: J. B. Metzler, 2004), 55.

14장

1. 개역개정판이 "너희는 거짓으로 고발하지 말라"고 번역한 헬라어는 '쉬코판테세테(sukophantesete)'다. 이 '쉬코판테오(sukophanteo)'라는 동사는 '쥐어짜다, 괴롭히

다' 라는 뜻을 갖고 있다.

2. Dietrich Bonhoeffer, Gemeinsames Leben(Gütersloh: Gütersloher Verlagshaus, 2001), 58-59.

3. Robert. H. Mounce, The Book of Revelation(Grand Rapids: W. B. Eerdmanns, 1998), 100-101.

〈좋은씨앗〉은 하나님의 말씀입니다. 이 말씀이 좋은 마음밭에 떨어져 하나님의 나라가 땅끝까지 확장되고, 예수 그리스도를 본받아 그 향기를 품은 성령의 사람들이 세상에 넘쳐나길 기대합니다. 그래서 백 배, 육십 배, 삼십 배의 결실을 맺기를 소망합니다(마 13:18). 천국은 좋은 씨를 제 밭에 뿌린 사람과 같기 때문입니다. 〈좋은씨앗〉은 이와 같은 소망과 기대를 품고 하나님께 출판 사역으로 쓰임 받기를 기도합니다.

쉼 : 하늘의 가치와 질서에 순종하는 그리스도인의 삶

1쇄 발행 | 2007년 9월 5일
지은이 | 박규태
펴낸곳 | 좋은씨앗
주소 | 서울시 서초구 양재동 2-30번지, 덕성빌딩 4층 (우137-130)
편집부 | 전화 02) 2057-3043
영업부 | 전화 02) 2057-3041 / 팩스 02) 2057-3042
홈페이지 | www.gsbooks.org
이메일 | sec0117@empal.com
출판등록 | 제4-385호(1999.12.21)

ISBN 89 - 5874 - 090 - 0 03230
■ 책값은 뒤표지에 있습니다.